초거대 AI

디지털 플랫폼 레볼루션 1

플랫폼 비즈니스의 현재와 미래

플랫폼 비즈니스의
현재와 미래

DIGITAL PLATFORM
REVOLUTION

초거대 AI
디지털 플랫폼 레볼루션 1

현영근·이주연 지음

도서출판 새빛
SAEVIT

• 추천사 •

최근 글로벌 컨설팅 기업인 가트너에서 IT기술 트렌드로 지속 가능한 기술Sustainable Technology를 제시하였다. '지속가능성'이라는 단어는 현재 우리 시대의 최고의 화두라고 할 수 있다. 이는 '불확실한 미래를 위한 긍정적 방향성'을 의미하는데, 이러한 개념은 플랫폼 비즈니스 또한 마찬가지로 적용이 될 수 있다. 새로운 비즈니스 모델에 대해, 정부에서도 제도적 뒷받침을 해야겠지만, 사회의 건전성을 위해 기업 스스로도 사회적 책임을 다하는 자세가 필요하다. 본 도서에서는 이러한 지속가능성에 대해 플랫폼 비즈니스 입장에서의 기준을 언급하고 있으며, 현재 플랫폼이 우리사회를 점령하고 있는 시대에 한 번쯤 고민해봐야 할 문제를 정확히 표현하고 있는 도서라 생각한다.

고진 | 대통령직속 디지털플랫폼정부위원회 위원장

잠재력을 갖춘 중소기업을 적극적으로 육성하고 각종 불합리한 법령 및 규제를 해결하는 것이 필요하다. 그러한 측면에서 봤을 때, 일명 '타다금지법'과 최근 사회적 이슈가 되고 있는 플랫폼 노동자에 대한 고민은 시사하는 바가 크다. 본 도서는 이러한 사회적 이슈와 고민에 대해 이해관계자 상호 간 상생의 방향을 이야기하고 있으며, 이러한 관점은 플랫폼 비즈니스가 어떠한 방향으로 나아가야 하는지와 일맥상통한다고 볼 수 있다. 단지 사업자 중심의 플랫폼 비즈니스를 설명하는 것이 아닌, 상생 관점에 서의 플랫폼 비즈니스를 설명하는 것이 인상적인 도서라 생각한다.

이현규 | 과학기술정보통신부 / IITP 인공지능사업단 단장

일반적으로 비즈니스 관련된 도서에서는 하나의 사업적 컨셉을 설명하기 위해 구체적인 방법론을 제시하곤 한다. 하지만, 그러한 구체적 방법론에 대한 학술적 근거 및 논리적 근거에는 상대적으로 소홀한 부분이 있었다. 이와는 다르게, 본 도서에서는 주장하고자 하는 방법론에 대한 구체적이고 다양한 근거와 사례를 제시함으로써 논리적 타당성을 뒷받침하고 있다. 특히 기존 파이프라인 비즈니스와 플랫폼 비즈니스와의 시대적 흐름과 그 차이 그리고 플랫폼 비즈니스의 핵심인 네트워크에 대한 학술적 내용 등을 제시하는 것이 매우 인상적이었다. 플랫폼 비즈니스에 대한 원리와 이론적 근거가 궁금하다면 적극적으로 추천하고 싶다.

임병훈 | 이노비즈협회 회장

• 차례 •

• 프롤로그 •

플랫폼 시대의 거대 권력과 법·제도적 혁신 방향

플랫폼 기업의 전성시대다. 4차 산업혁명이 몰고 온 '대전환' 시대의 주역은 일차적으로 플랫폼 기업이 독식하고 있다. 가히 독보적이다. 세계적으로는 구글, 페이스북, 아마존 등을 비롯해 국내에서는 네이버, 카카오 등 플랫폼 기업이 시가총액 상위권을 휩쓸고 있다. 제조공장이 없는 플랫폼 기업이 세계 경제의 주도권을 완전히 틀어쥐기에 이른 것이다. 디지털 플랫폼은 이제 검색이나 뉴스, 동영상, 소셜 네트워크서비스SNS, 전자상거래 등 핵심이 되는 서비스를 기반으로 한층 다양한 서비스를 선보이고 있다. 이 과정에서 인공지능AI, 클라우드, 빅데이터, 5세대(G) 통신, 사물인터넷, 메타버스 등 4차 산업혁명 핵심기술은 플랫폼의 영향력을 더욱 확대시키고 더 큰 가능성을 열어가고 있다. 이른바 공룡 플랫폼이라 불리는 초대형 플랫폼 기업들은 수많은 이용자와 데이터를 기반으로 기존 산업구조를 파괴하면서 새롭고 거대한 생태계를 구축하고 있다. 특히 코로나19 팬데믹이 불러온 비대면 특수를 타고 글로벌 플랫폼 기업 간 경쟁구도는 오히려 국경을 넘어 전세계를 단일 생활권으로 묶으며 무서운 속도로 확대되고 있다. 오죽하면 미국의 저명한 정치학자 그레이엄 앨리슨이 FANGFacebook, Amazon, Netflix, Google으로 대변되는 미국의 대표기업과 약칭 BAT(바이두, 알리바바, 텐센트)로 불리는 중국 대표기업의 경쟁을 국가 간 '예정된 전쟁Destined For War'이라며 대리전 운운했을까. 미·중 간 경쟁은 반도체는 물론 플랫폼 부문에서도 투키디데스 함정Thucydidies' Trap을 의식한 '소리 없는' 국가 간 독과점 전쟁으로 비화하고 있다. 어디 국가 간 경쟁뿐이겠는가. 이 거대한 플랫폼은 국가와 국가 간, 경제 주체와 경제 주체 간, 산업과 산업 간, 기업과 기업 간, 개인과 개인 간 영역을 무차별적으로 파괴하면서 신흥강자의 영역을 사회, 경제, 문화, 교육 등 사회 전 부문의 영향력을 확대하며 '21세기판 투키디데스 함정'을 현실화하고 있다.

눈을 돌려 국내 시장을 보라. 네이버, 카카오 등 국내 거대 양강 플랫폼은 국내 대기업은 물론 중견 중소기업, 소상공인 시장을 소리 없이 잠식하고 주도권을 장악, 생명줄까지 위협하는 상황으로 치닫고 있다. 특히, 이들 거대 플랫폼 기업은 국내 시장에서 더욱 빠른 성장세를 보이고 있으며, 소상공인들의 온라인 플랫폼에 대한 의존도가 증가하고 있다. 동시에 거대 플랫폼의 시장 장악력이 높아지고 확대되는 과정에서 소외되고 피해를 입은 골목상권, 소상공인, 플랫폼 이용사업자, 소비자들은 급격히 늘어가고 있다. 플랫폼의 파괴적 장악력은 동시에 최근의 화두인 공정과 정의마저 무용지물로 만들면서 시장경제의 틀을 위협하는 지경에 이르렀다. 공정한 시장경쟁 질서를 확립하고 소상공인과 약자를 보호하는 제도적 기반을 마련해야 한다는 절박한 목소리가 커지는 이유다. 국감의 이슈가 카카오가 돼버린 현상이 이를 증명한다. 정부의 플랫폼 기업에 대한 견제와 감시가 무력화한 상황에서 국회마저 별다른 대책이 없다는 점은 현재와 미래에 대한 치열한 고민을 더 필요로 한다는 점을 역설하고 있다. 물론 정부가 손을 놓고 있는 것은 아니다. 공정거래위원회, 방송통신위원회, 중소벤처기업부 등이 온라인 플랫폼 공정화법(온플법) 제정, 전자상거래법 개정 등을 통해 플랫폼 규제의 움직임을 보이고 있으며. 그간 정보통신기술ICT 기업에 우호적인 입장을 견지했던 금융위원회 또한 규제에 동참하고 있다.

해외로 눈을 돌려보자. 글로벌 거대 플랫폼 기업의 본고장인 미국은 이미 2019년부터 구글, 아마존, 페이스북, 애플 등의 플랫폼 기업을 견제하기 위해 이들의 시장 지배력에 대해 조사해 왔다. 행정부는 최근 플랫폼 기업의 문어발식 기업 확대를 견제하기 위해 백악관 직속의 새로운 반독점 규제 기관으로 '백악관경쟁위원회'를 신설하였다. 이에 더하여 미국은 노골적으로 거대 플랫폼 기업만을 겨냥한 온라인플랫폼 규제 6개 법안을 추진 중이다. 유럽연합EU 또한 온라인 중개 시장에서 플랫폼 사업자가 독점적 지위를 바탕으로 단순 중개를 넘어 불공정한 행위를 하는 것을 규제하기 위해 '온라인 중개 서비스 규칙'을 제정하였다. 그리고 '플랫폼-이용사업자 규정P2B Regulation'을 제정하고 디지털시장법DMA과 디지털서비스법DSA 제정을 추진하며 플랫폼의 견제에 적극 나서고 있다. '플랫폼 투명화법'을 제정한 일본뿐 아니라 미국과 플랫폼 전쟁을 앞두고 있는 중국 역시 자국 플랫폼 기업에 대한 규제를 지속적으로 펼치고 있다. 알리바바, 텐센트 등에 반독점법 위반으로 막대한 벌금을 매기며 아예 기업의 경영을 장악하려는 움직임으로 읽히는 감시와 관리의 움직임도 나타나고 있다. 플랫폼 대기업들의 독점적 행위를 규제하기 위한 전세계적인 움직임과 함께 국내에서도 각 부처가 너 나 할 것 없이 규제에 나서고 있다. 이에 대해 플랫폼 산업이 마구잡이식 규제의 희생양이 되는 것 아니냐는 우려가 제기되고 있다. 미국과 유럽 등의 국가와는 상황이 다르기 때문에 이를 국내에 그대로 적용하는 것은 옳지 않다고 보는 시선도 존재한다. 특히 네이버와 카카오는 글로벌 거대 플랫폼 기업들과 경쟁할 수 있는 몇 안 되는 국내 플랫폼 기업인데, 성장하기도 전에 과도한 규제로 혁신의 싹이 잘려 나갈 수 있다는 지적도 상당하다. 오히려 플랫폼 기업에 대한 규제가 중소상공인과 스타트업은 물론 취업유발 효과까지 저해할 것이라는 학계 비판도 있다. 섣부른 규제보다 충분한 논의가 필요하다는 것이다.

그렇다면 어떻게 해야 할까? 우선, 국내 플랫폼 정책 연구의 확대가 필요하다. 플랫폼 시장은 ICT 융합을 통해 여러 서비스·시장이 연결됨에 따라 구조가 복잡해지고 있다. 디지털 대전환과 함께 플랫폼의 영향력은 앞으로 더욱 가속화될 전망이다. 이처럼 거대하고 복잡한 플랫폼 분야를 다루기 위해서는 규제 정책의 집행이 미시적·거시적 경제에 미칠 영향 및 정책의 파급경로 등을 분석하는 정책 연구를 지원·확대해야 할 것이다. 그리고 이러한 실증적인 조사와 평가를 바탕으로 한 실효성 있는 정책을 수립해야 할 것이다.

다음으로는 국내 시장에 맞춤화된 정책을 구사할 필요가 있다. 미국과 중국 외의 국가들의 플랫폼 시장은 G2인 미국과 중국의 기업들이 차지하고 있다. 이러한 흐름 속에서 가장 불안해하는 건 자국 플랫폼 기업이 없는 유럽이다. 플랫폼 기업의 가장 큰 전략적 자산은 데이터인데, 유럽은 이러한 기업의 부재로 데이터가 모두 구글과 같은 글로벌 플랫폼 기업에 가 있다. 데이터가 국가의 경쟁력을 좌우하고 국가 안보와도 밀접하게 연관된 빅데이터 시대에서, 유럽, 일본과 같은 자체 플랫폼을 가지지 못한 국가에게 이러한 상황은 심각한 이슈이다. 하지만 국내는 이러한 국가들과는 달리 국내 디지털 플랫폼 사업자들이 글로벌 플랫폼들과 경쟁하며 긍정적인 역할을 하고 있다. 따라서 규제 이슈를 모색하는 데 있어 해외 선행 규제 논의들과 사례들을 참고하되, 도입을 함에 있어서는 국내외 경쟁 상황을 고려하여 오히려 국내 기업에 역차별을 가져다주지 않을지 신중하게 전략적으로 검토하고 적용해야 한다. 국내 플랫폼만 견제하다 미국과 중국의 플랫폼만 좋은 일 시켜주는 우를 범하지 말라는 얘기다.

더 나아가 정부 부처 간 규제 중복을 없애기 위한 컨트롤타워 도입이 필요하다. 공정위의 '온라인 플랫폼 공정화법', '전자상거래법 개정안'과 방통위의 '온라인 플랫폼 이용자보호법' 등은 중복 규제 우려가 제기되고 있고, 이에 대해 부처 간에 영역 다툼을 벌이는 것이 아니냐는 지적 또한 나오고 있다. 부처 간 조정이나 협의 없이 각자 규제에 나서게 되면 이중 규제 가능성으로 인해 플랫폼 시장에 혼란을 부추길 수 있다. 공정위의 규제 대상은 플랫폼의 갑질, 방통위는 이용자 보호에 방점을 두고 있다고 하지만, 광고 관련 규제 등의 내용이 중복되어 있어 충분한 검토와 조정이 이루어지지 않은 채 관련 규제가 추가되고 있다는 문제점이 제기되고 있다. 규제 사각지대 제거 측면에서 이러한 현상은 불가피하다 볼 수도 있겠지만, 부처 간 규제 주도권 다툼으로 조율 없이 부처 각자의 기준을 가지고 규제하게 된다면, 과도한 중복규제로 이어져 결국 플랫폼 생태계 전반에 부정적 영향을 미치거나 최종적으로는 보호하고자 했던 입점업체나 플랫폼 이용자에게도 불이익을 가져다줄 수 있다.

무엇보다 모든 플랫폼과 참여자가 상생할 수 있는 선순환 생태계 조성이 시급하다. 새로운 시대의 플랫폼에 대한 규제와 진흥의 시각이 바뀌고 정책이 제대로 나와야 한다는 얘기와 일맥상통한다. '규제 컨트롤타워'의 균형 잡힌 상생 논의가 중요한 이유다.

지금은 4차 산업혁명으로 촉발된 대전환의 시기다. 국가도, 기업도 기회와 위기가 동시에 가시화된 절체절명의 시기라고 봐야 한다. 플랫폼 시대는 거스를 수 없는 4차 산업혁명의 결과이자 새로운 시대를 알리는 신호탄이다. 플랫폼 기업이 시장지배력을 남용할 때 개입하여 제어해 주는 것과 동시에 새로운 혁신을 가져다줄 수 있는 산업의 영역은 구분하여 지킬 수 있는 균형 잡힌 시각을 가져야 할 때이다.

Sustainable Platform,

본 도서의 궁극의 목적은 우리가 만들고 운영할 플랫폼이 지속 가능한 플랫폼이 되기 위해서, 우리는 어떠한 생각을 해야 하는지를 고민해보고자 하는 것이며, 필자는 이와 관련하여 두 가지 사고를 제시하고자 한다. 먼저 플랫폼의 주인은 플랫폼 안에서 활동하는 플레이어인만큼, 플랫폼을 운영하는 기업은 플레이어를 '상생의 파트너'로 인식하고 플랫폼의 이익이 그들에게 돌아갈 수 있도록 만들어야 한다. 이것이 의미하는 것은 플랫폼을 운영하는 기업은 단지 플레이어가 잘 활동할 수 있도록 환경만 제공할 뿐 플랫폼의 주인행세를 해서는 안 된다는 것이다. 하지만, 실제 비즈니스 환경에서는 시장의 지배사업자가 된 후부터 플레이어의 이익보다는 그들 스스로의 이익에 더 높은 가치를 매기며 플레이어를 압박하는 사례가 종종 발생한다. 이러한 행동이 과연 플랫폼을 위한 것인지 고민해봐야 할 부분이다. 두 번째로 플랫폼 노동자 문제해결에 적극적으로 동참해야 한다. 현재 약 50만명에 이른다고 알려져 있는 플랫폼 노동자는 소비자로부터 직접 수수료를 받는 구조인만큼, 현행법상 근로기준법의 적용되지 않는 '특수형태근로자'인 법률상 개인사업자에 해당된다. 이로 인해 분명 플랫폼에 종속된 노동자임에도 불구하고, 법률상 노동자 대우를 받지 못하는 상황에 놓여있게 되었다. 따라서 플랫폼을 운영하는 기업은 단지 현행법을 준수하는 수준을 넘어 사회적 책임을 다하는 기업으로 거듭나야 한다. 이러한 사고가 있어야 지속 가능한 플랫폼이 될 수 있다.

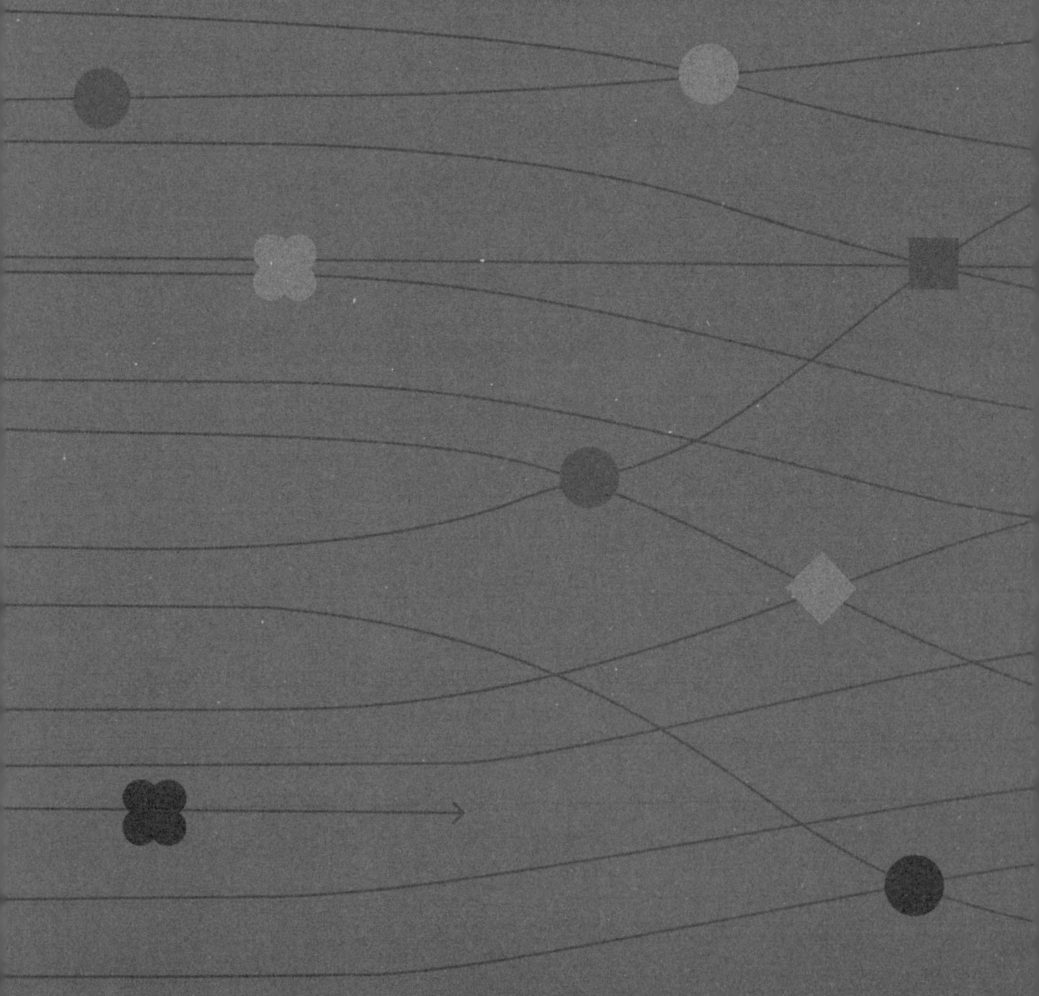

I

플랫폼 비즈니스란 무엇인가?

Chapter 1

플랫폼의 이해

우리는 플랫폼 시대에 살고 있다

우리는 바야흐로 플랫폼 시대에 살고 있다. 원하든 원하지 않든 플랫폼이라는 단어를 매일 듣고 있으며, 알게 모르게 그리고 인지하든 하지 않든 간에 우리는 그 속에서 살고 있다. 어쩌면 우리 생활에서 당연하게 여겨지는 많은 것들이 모두 플랫폼이라고 해도 과언이 아닌 시대에 있다는 것이다. 이렇게 플랫폼이 우리 생활에 깊게 들어온 가장 큰 이유는 이전과는 다르게 플랫폼이 서로를 연계해주는 역할을 훌륭히 해주기 때문이다. 먼 거리에 있는 친구와 연결해주기도 하고 직접 만나기 어려운 상품을 손쉽게 구매할 수도 있다. 과거에는 상상도 할 수 없는 일들이 플랫폼을 통해 너무나 손쉽게 해결할 수 있는 것이다.

배달의민족은 배달 서비스로 폭발적 성장을 이루었다. 2011년에 창업하여 10여년밖에 되지 않은 기업이 2022년 기업가치에서 식품업계에서 1위를 차지하고 있다. CJ제일제당이 매출액 26조3천억원인데 기업가치는 5조9천억원에 불과하다. 반면에 배달의민족은 매출액 2조원인 반면 기업가치는 15조원으로 무려 7.5배나 높게 가치를 평가받고 있다. 이렇게 평가받는 이유는 푸드테크Food Tech 분야에서 전통적 식품 기업들은 향후 성장이 정체될 것이고 이에 따라 현재의 수준에 머무를 것이라고 시장에서 예측하기 때문이다. 또 다른 예를 들어보자. 소셜 네트워크 서비스라고 불리는 SNSSocial Networking Service에서 최강자로 불리는 페이스북(2021년 메타로 사명변경)과 인터넷 검색에서의 자존심인 구글은 그 기업가치가 무려 1,000조원이 넘는다. 중요한 것은 이러한 기업들이 이룩한 성과가 기존 기업들이 유사한 성과를 이루기까지 걸린 시간과 비교하여 매우 짧다는 것이며, 이러한 기업들은 모두 플랫폼을 기반으로 비즈니스를 하는 기업이라는 것이다. 이것이 의미하는 것은 플랫폼을 기반으로 한 비즈니스는 기존 기업환경과 영업환경에서의 성장속도와 비교하여 새로운 패턴으로 성장한다는 것을 의미한다. 단적인 예로, 유니콘Unicorn 기업은 시가총액이 10억 달러가 되는 기업을 의미하는데, 기존 전통적인 기업이 유니콘 기업(머리에 뿔이 하나가 달린 말인 유니콘에 비유한 것으로, 기업가치 10억 달러 이상인 기업을 의미)이 되기까지 약 20년이 걸리는데 반해 플랫폼 비즈니스를 하는 기업들은 대부분 10년 이하로 2배 이상 빨랐다. 이러한 속도도 최근에는 5년 정도가 걸릴 정도로 그 속도는 더욱 빨라지고 있다. 투자자들이 기업의 성장 가능성에서 그 잠재력을 높게 평가하는 것이고, 결국 이러한 기업들은 데카콘Decacorn 기업(머리에 뿔이 10개 달린 상상의 동물인 데카콘에 비유한 것으로, 유니콘보다 기업가치가 10배 되는 기업을 의미)으로 성장할 수 있다는 것을 의미한다. 단 한 대의 차량도 소유하고 있지 않으면서 운송업을 하고 있는 우버Uber, 숙박시설 한 개도 보유하고 있지 않으면서 숙박업을 하고 있는 에어비앤비Airbnb를 생각해보면 쉽게 이해할 수 있을 것이다.

이러한 플랫폼 비즈니스가 전통적 기업의 비즈니스와 가장 차이나는 점은 직접 제품 혹은 서비스를 생산하기보다는 제품 혹은 서비스를 생산하는 기업과 이를 소비하는 고객을 중개해주는 역할을 한다는 것이다. 이러한 것을 양면시장에서의 네트워크 구성을 통해 가치를 실현한다고 표현한다. 참고로, 양면시장이란 플랫폼 비즈니스의 기본 개념으로 두 시장(생산자 집단과 소비자 집단)을 하나로 묶어 고려하자는 의미로 "Ⅱ. 플랫폼 비즈니스의 특징 및 성공요소"에서 자세히 살펴볼 예정이다. 어쨌든, 기존 비즈니스에서의 경쟁구도는 좋은 제품을 낮은 가격으로 생산하여 고객에게 홍보를 통해 판매하는 방식이라면, 플랫폼 비즈니스는 "데이터"라는 상품을 생산자와 소비자 간 실제 거래가 발생할 수 있도록 중개하여 가치를 만드는 비즈니스 모델이라는 점에서 큰 차이점이 있다. 핵심은 바로 "생산성과 품질" 그리고 "데이터"인 것이다. 현재 플랫폼을 기반으로 한 비즈니스가 높게 평가를 받는다는 것은 곧 기업의 경쟁력과 경쟁방식이 "생산성과 품질"에서 "데이터"로 변화하고 있다는 것을 의미하며, 이렇게 변화하는 비즈니스 환경에서 살아남으려면 기존 사업에 대한 경쟁력뿐만 아니라 신뢰할 만한 중재자 역할에 대해 고려해야만 한다는 것이다.

그러면 이러한 비즈니스 환경의 변화는 어떻게 발전할 수 있었을까? 가장 큰 이유는 바로 물리적으로 도저히 연결할 수 없는 사람들 간에 네트워크를 만들 수 있는 디지털 기술의 발전 때문이라고 할 수 있다. 비즈니스의 근간을 이루는 경영전략Business Strategy 측면에서 본다면, 디지털 기술은 사실 단지 하나의 도구일 뿐 그 이상도 그 이하도 아닐 수 있다. 틀린 말은 아니지만, 이러한 관점의 경영전략에만 집중한다면 오히려 시대적 환경변화를 애써 외면한 사고라고 할 수 있다. 최근 4차 산업혁명과 맞물려 인공지능AI: Artificial Intelligence 기술이 기업혁신의 출발점이 되고 있는 상황을 보면 쉽게 이해할 수 있을 것이다. 물론 디지털 기술이 중요하다는 사고가 사회구조 그리고 전반적인 문화를 결정짓는다는 기술결정론Technological Determinism 측면에서 말하는 것은 아니다. 하지만, 기술의 발전이 우리사회의 모든 것을 변화시킨 만큼, 비즈니스에서도 새로운 의미와 기회를 줄 수 있다는 것은 명확한 사실이라고 할 수 있다.

그렇다면, 플랫폼 비즈니스라는 것은 기존에 없었던 전혀 새로운 개념의 비즈니스일까? 결론부터 말하자면 "아니요"이다. 플랫폼을 단순하게 설명하면 "거래 당사자 간 거래를 할 수 있도록 중개해주는 것"이라고 할 수 있다. 이런 관점에서 봤을 때, 우리가 플랫폼 비즈니스를 생활 속에서 인식을 못했을 뿐이지 사실 이미 우리 생활에 깊숙하게 뿌리내리고 있는 개념이라고 할 수 있다. 가장 가깝게 느껴질 수 있는 대표적인 사례가 전통시장일 것이다. 전통시장은 판매자와 소비자가 만나 거래가 일어날 수 있도록 공간을 제공해준다. 판매자는 물건을 판매함으로써 '돈'이라는 가치를 발생시키고, 소비자는 '상품'이라는 가치를 획득하게 된다. 양 당사자가 스스로 원하는 가치를 얻기 위해서 전통시장이라는 물리적 공간에서 만나는 것이다. 또 다른 대표적인 예로는 부동산 중개업이 될 수 있다. 부동산 중개업자는 부동산 소유자로부터 집 매매를 의뢰받고, 집을 원하는 소비자가 찾아오면 소개를 시켜주어 매매가 발생할 수 있도록 중재 역할을 한다. 부동산 중개업자는 부동산을 직접 소유하고 있지는 않지만, 거래가 이루어질 수 있도록 중개역할을 수행한 것이다. 이러한 부동산 비즈니스는 어떻게 보면 우리가 아주 잘 알고 있는 에어비앤비와 유사하다. 직접 부동산을 소유하고 있지 않으면서 거래가 발생할 수 있도록 중개를 해주기 때문이다. 다만 차이가 있다면 그 거래가 물리적 공간에서 이루어지는가 아니면 디지털 공간에서 이루어지는가가 다른 점이다. 앞에서 언급한 바로 디지털 기술이 시대를 변화시키고 있다는 대표적인 사례가 될 수 있다.

몇 년 전 재미있는 기사를 본 적이 있는데 우리나라 전통 농기구인 호미가 미국 온라인 쇼핑몰인 아마존에서 이른바 '초대박'을 치고 있다는 기사였다. 경상북도 영주에 거주하고 있는 석노기 장인은 14살부터 대장간 일을 하였는데, 어떤 사람이 호미를 가져다가 아마존에 팔기 시작한 후, 주문이 몰리면서 '영주대장간 호미Youngju Daejanggan ho-mi'라는 이름으로 원예용품 톱10에 이름을 올렸다. 유튜브에도 호미를 어떻게 사용해야 하는지에 대한 동영상도 쉽게 찾아볼 수 있다. 과거에는 상상할 수 없는 일들이

아마존의 '영주대장간 호미' 상품

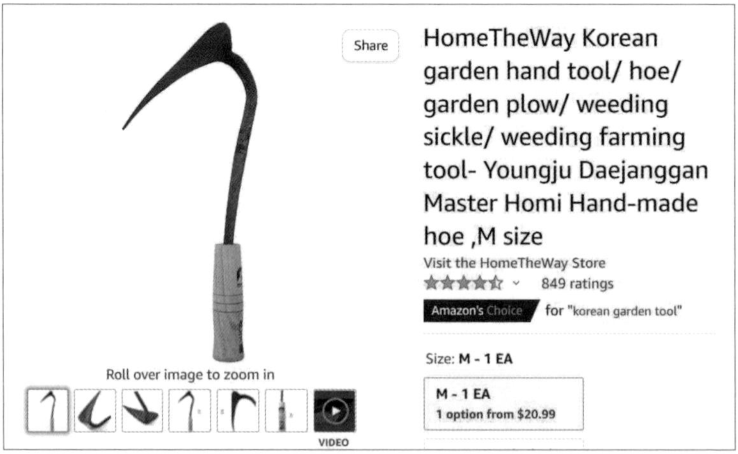

바로 플랫폼 비즈니스에서는 가능한 것이다.

이 외에도 플랫폼 비즈니스는 사례는 많다. 피파FIFA는 축구팀을 직접 소유하고 있지 않지만, 월드컵이라는 국가 간 축구대회를 개최하고 광고를 연계하여 막대한 수익을 거두고 있다. 신용카드사는 가맹점과 소비자를 연결하여 수수료를 발생시켜 수익을 올리고 있으며, 결혼 중매 회사는 서로 원하는 조건의 남자와 여자를 만날 수 있도록 연결해주고 수수료를 받고 있다. 이러

산업별 플랫폼 기업 사례

구분	플랫폼 기업
유통업	이베이, 아마존, 쿠팡, 11번가 등
숙박업	에어비앤비, 호텔스닷컴, 호텔스컴바인 등
미디어	유튜브, 아프리카TV 등
모바일	안드로이드, iOS 등
교통	우버, 사이트카, 카카오택시, 타다, 리프트 등
배달	우버이츠, 쿠팡잇츠, 배민라이더스, 요기요 등
교육	무크, 코세라, 유데미, 에드엑스 등
네트워킹	링크드인, 페이스북, 트위터, 인스타그램 등
인테리어	오늘의 집, 비츠, 집닥, 하우스텝 등
게임	플레이스테이션, 엑스박스 등
중고차	카바나, 케이카, 헤이딜러 등
법률	로톡, 리걸 줌 등
부동산	네어버 부동산, 질로우 등
의료	굿닥, 똑닥, 닥터나우, 솔닥 등
금융	토스, 카카오페이, 뱅크샐러드 등
채용	글래스도어, 잡코리아, 인크루트 등

한 비즈니스가 모두 플랫폼 비즈니스라고 할 수 있는 것이다. 이제 플랫폼은 교육, 숙박, 미디어, 부동산, 금융, 인테리어 등 그 산업을 가리지 않고 모든 산업에서 변화를 이끌고 있다. 이러한 플랫폼들은 '중개'라는 한 가지 기능으로 출발하였으나, 이제는 다양한 경쟁상대의 기능을 서로 모방하며 스스로 진화하고 또 발전하고 있다.

산업별 플랫폼 기업의 사례를 살펴보자. 아래 표에서 확인할 수 있듯이, 이제는 플랫폼 비즈니스가 없는 산업이 없다고 해도 과언이 아니며, 플랫폼에 대한 이해가 없이는 비즈니스를 할 수 없는 시대에 있는 것이다.

그럼 어떻게 모든 산업에서 플랫폼 비즈니스가 활발히 적용되고 있을까? 에어비앤비 사례를 활용하여 전통적 기업과 현대적인 플랫폼 기업과의 차이를 자세히 살펴보자. 기존 전통적인 숙박업에서의 경쟁의 핵심은 누가 차별화되고 경쟁력 있는 숙박시설을 얼마나 많이 보유하고 있는가에 초점이 맞춰져 있었다. 숙박업계의 가치창출 방식이 명확하였고 각각의 업계 간 경계 또한 견고하고 명확히 구분이 되었다. 하지만 디지털 시대가 되면서 기존의 경계와 기준은 불명확해지고, 경쟁자의 구분 또한 매우 모호해졌다. 힐튼Hilton, 메리어트Marriott 그리고 윈덤Wyndham 같은 세계적인 호텔 브랜드들이 숙박시설을 하나도 보유하고 있지 않은 에어비앤비라는 IT기업과 경쟁관계에 있는 것이다. 이러한 경쟁을 가능케 한 디지털 기술은 기존 기업의 선형적인 관계, 즉 가치사슬Value Chain의 관계를 양면관계의 네트워크 형태로 바꾸었다. 직접 제품과 서비스를 만들어 판매하기보다는, 이 네트워크 상에서 거래가 발생할 수 있도록 생태계를 만드는 역할을 하였다. 나아가 네트워크는 단순히 당사자 간 중개역할을 넘어, 소비자가 상품의 가치를 평가하여 다른 소비자와 공유함으로써, 제품과 서비스의 판매에도 직접적으로 영향을 미치게 되었다. 결국, 디지털 기술은 기존에 정해진 업계 내에서의 경쟁의 틀을 벗어난 새로운 경쟁체계 구성을 가능하게 하였고, 경쟁자와 파트너와의 관계 또한 모호하게 만드는 역할을 하였다. 뿐만 아니라 네트워크라는 생태계를 통해 협력자와 가치를 교환하고 소비자도 상품의 판매에 영향력을 미칠 수 있도록 하였다. 이러한 다양한 이유로 인해, 디지털 기술 기반의 플랫폼 비즈니스가 우리시대의 대세가 된 것이다.

비즈니스를 포함하여 세상에서 변하지 않는 것은 오직 하나뿐이며, 그것은 '세상 모든 것은 반드시 변한다는 것'이다. 그 속에서 우리가 살아남기 위해서는 남들보다 먼저 변해야 한다는 것이다.

플랫폼이란 무엇인가?

구글에서 플랫폼이라는 단어를 검색해보면 검색결과가 약 78,200,000개가 나온다. 페이지를 넘기면서 대충 살펴봐도 여러 산업에서 다양한 의미로 사용되고 있음을 쉽게 알 수 있다.

이러한 플랫폼이라는 단어의 유래는 일반적으로 중세 프랑스어인 Plate-forme에서 출발하였다고 하며, '주위보다 높고 평평한 물리적 공간' 또는 '사람이 서기 위한 토대'라는 의미로 사용되었다. 이러한 의미 때문에 기차역에서 승객이 타고 내리는 높은 단상에 사용하게 되었고, 그 의미가 발전하여 컴퓨터 및 다양한 산업계에서 폭넓게 사용되고 있다. 컴퓨터 업계에서는 우리가 흔히 접하고 있는 OS Operating System 즉 운영체제(예를 들어 마이크로소프트의 윈도우, 애플의 iOS, 구글의 안드로이드 등)를 의미한다. 왜냐하면, 운영체제는 우리가 매일 사용하고 있는 MS Office, 아래아 한글 그리고 다양한 게임 등의 소프트웨어를 실행시킬 수 있는 기반이 되는 소프트웨어이기 때문이다. 제조업에서는 제품을 제조하기 위한 '기본 뼈대'라는 의미로 사용된다. 예를 들어 뉴스에서 현대자동차의 그랜저와 기아자동차의 K8이 동일한 플랫폼을 사용한다는 기사를 봤을 것이다. 이것은 자동차를 만들기 위한 기본 틀 위에 엔진과 같은 여러가지 부품을 설치하는데, 이러한 틀을 플랫폼이라고 표현한다. 서비스 업계에서는 모바일 앱 또는 프로그램 개발자들에게 개발환경 차원에서 제공하는 개발 툴Tool 또는 소스코드Source Code 등이 있는데, 이것을 플랫폼이라 하며, 미디어 업계에서는 유통 채널을, 마케팅 업계에서는 추가 제품을 출시하는데 활용되는 제품라인을 말한다. 이렇듯 플랫폼이라는 단어는 여러 산업에서 다양하게 사용되고 있지만 그 의미는 앞에서 살펴본 바와 같이 '무언가의 기본 토대'라는 공통된 의미로 사용되고 있다. 이러한 개념이 최근 디지털 기술 발전과 함께 '매개체' 또는 '상호작용'이라는 의미로 발전하게 되었다. 예를 들어 기차역은 많은 사람들이 각자의 목적을 위해 기차를 이용하여 목적지로 이동하는 매개체의 역할을 하며, 또한 기차역 안에서 음식과 기념품 등을 판매함으로써 기차역에 모인 사람들이 서로의 목적에 맞는 상호작용을 실현하는 것이다.

플랫폼 비즈니스의 유래

플랫폼 비즈니스라는 개념은 장샤를 로세Jean-Charles Rochet와 노벨상 수상자인 장 티롤Jean Tirole의 '양면시장 경제학 이론'Two-sided Market Theory에서 시작되었다는 것이 정설이다. 이 이론은 하나의 기업이 상호 의존적인 두 종류의 고객 집단(예: 생산자 집단, 소비자 집단)을 대할 때 한 집단에 최적화된 가격정책이 다른 집단에 부차적인 문제를 야기할 수 있다는 것으로, 두 고객 집단 간의 상호작용에 대한 연구라고 할 수 있다. 이러한 개념은 여러 연구를 거쳐 점차 다면시장Multisided Market이라는 개념으로 발전하였다. 하지만 다면시장에 대한 개념도 기본적으로 양면시장 개념을 근간으로 하였으며, 플랫폼 비즈니스 또한 생산자 집단과 소비자 집단을 고려함으로 본 도서에서는 양면시장의 개념을 중심으로 작성하고자 한다.

플랫폼 비즈니스의 정의

플랫폼 비즈니스에 대한 정의는 전문가별로 다소 다르게 표현하고 있다. 가장 단순한 정의는 "생산자와 소비자를 연결하는 사업모델" 정도로 표현할 수 있다. 필자의 경험으로 비추어 봤을 때 가장 명확하게 정의한 것은 안드레이 하기우Andrei Hagiu와 줄리안 라이트Julian Wright가 표현한 것으로, "플랫폼은 '둘 또는 그 이상의 소비자' 사이에서 이뤄지는 '상호작용'을 '중재'함으로써 '가치'를 만드는 사업이다"라고 생각한다. 이러한 정의에서 핵심 키워드Keyword에 해당하는 단어들의 의미를 살펴보면, 먼저 '둘 또는 그 이상의 소비자'란 앞에서 언급한 양면시장에서의 고객집단을 말하며 플랫폼 위에서 활동하는 주체를 의미한다. 이러한 고객집단은 당연히 여러 명이 존재하며, 그 유형도 몇 개의 유형으로 구분될 수 있다. '상호작용'이란 각각의 집단에서의 활동 그 자체를 의미하며, 기본적으로 독립성이 보장된 활동을 하지만 그러한 활동이 동일한 집단 내의 다른 사용자 혹은 다른 집단 내의 또 다른 사용자와 연결되는 것을 말한다. 예를 들어 페이스북이라면 생산자는 글 또는 사진을 올리고, 소비자는 그 글과 사진을 읽은 후 '좋아요' 또는 댓글을 남긴다. 아마존과 같은 쇼핑몰이라면 생산자는 상품을 올리고, 소비자는 그것을 구매하는 활동을 한다. 나아가 해당 상품의 상품평을 등록함으로써 동일한 집단 내 다른 사용자의 행동에 영향을 미친다. 이러한 모든 활동들이 상호작용이라고 할 수 있다. '중개'는 생산자 집단과 소비자 집단을 연결시키는 것을 의미하는데, 이러한 표면적 의미 외에도 보다 건전한 연결을 위해 필요한 규칙Rule을 정의하는 것 또한 포함된 의미라고 볼 수 있다. 예를 들어 페이스북에서 불건전한 컨텐츠Contents

를 등록 시 삭제를 하거나, 아마존에서 불공정한 거래를 할 경우 계정을 삭제하는 기준 등을 말하는데, 이것은 건전한 상호작용을 더욱 원활하게 해주는 역할을 한다. 마지막으로 '가치'는 각 집단이 상호작용을 통해 얻게 되는 이익을 의미한다. 아마존에서의 생산자라면 상품을 팔아 돈을 버는 것이고, 소비자라면 원하는 상품을 얻는 것이다. 페이스북의 경우라면 컨텐츠를 생산하는 사람은 자신의 글을 통해 다른 사람들에게 관심을 받는다는 가치를 얻는 것이고, 컨텐츠를 읽는 소비자는 컨텐츠 생산자의 정보를 읽음으로써 정보획득에 대한 가치를 얻는 것이다.

살펴본 바와 같이, 안드레이 하기우Andrei Hagiu와 줄리안 라이트Julian Wright가 플랫폼에 대한 개념을 보다 명확하게 정의하였다고 할 수 있다. 다만, 해당 내용은 우리에게 익숙한 B2CBusiness to Customer에 집중된 내용이라는 단점이 있다. 본 도서는 기본적으로 B2C뿐만 아니라 B2BBusiness to Business 기반의 플랫폼 비즈니스 모델을 어떻게 만들 것인가를 고민하는 도서이므로, B2C와 B2B를 아우르는 플랫폼의 정의가 필요하다고 생각한다. 참고로 B2C는 일반 소비자를 대상으로, B2B는 기업을 대상으로 비즈니스를 진행하는 것으로, 예를 들어 건설업의 경우라면 아파트를 짓는 건설사는 B2C 사업을 하는 것이고, 건설사에 건설 자체를 납품하는 기업은 B2B 사업을 하는 것이다. 또 다른 예로, 쿠팡, 아마존,

에어비앤비, 삼성전자 등이 B2C에, 하이닉스, 삼성 디스플레이 등은 B2B 기업에 해당된다.

필자는 이러한 두 가지 유형의 비즈니스를 포괄한 의미로 플랫폼을 다음과 같이 정의하고자 한다.

〈플랫폼 비즈니스 정의〉

> **"플랫폼 비즈니스는 생태계^ecosystem^를 기반으로 통제된 개방성에서 상호작용을 통해 가치를 만드는 사업"**

앞서 정의한 것과 비교하여 조금은 어렵게 들릴 수 있지만 전반적인 개념에서는 크게 차이가 없다고 생각한다. 가장 큰 차이점이라면 "생태계"와 "통제된 개방성"이라는 개념을 추가한 것이다.

기존 사업형태를 의미하는 파이프라인 비즈니스Pipeline Business에서는 생산자와 소비자가 명확히 구분되었다. 제품 혹은 서비스를 생산하는 집단은 좋은 품질의 제품을 낮은 가격에 생산하기 위해 노력하고, 소비자는 가성비가 좋은 제품을 구매하는 구조였다. 하지만, 플랫폼 비즈니스에서는 그 구분이 매우 모호해졌다. 예를 들어 페이스북에서의 생산자는 글 혹은 사진을 올리는 사용자이고, 소비자는 그 글 혹은 사진을 보는 사용자이다. 근데이 소비자가 해당 컨텐츠에 댓글을 남기거나 '좋아요'를 누르는 순간, 그 소비자는 또 다른 컨텐츠의 만들어내는 생산자가 된다. 왜냐하면 최초 컨텐츠에 또 다른 댓글, 또는 '좋아요'에 또 다른 표현을 하기 때문이다. 이러한 현상은 B2B 플랫폼 비즈니스 시장에서도 유사하게 발생한다. 자사의 제품이 최종 고객End User에게만 가는 것이 아니라, 다른 기업의 상품과 결합하여 새로운 상품(eco상품)을 개발하는 데 있어서 하나의 소재가 될 수 있기 때문이다. 따라서 이러한 개인간 그리고 기업간 상호작용이 단지 상품 혹은 컨텐츠가 오고 가는 것만이 아닌, 서로간 결합을 통해 하나의 생태계를 만들어 가는 것이 매우 중요하며, 이러한 이유 때문에 "생태계"라는 단어를 추가하였다.

또 다른 차이점인 "통제된 개방성"은 특히 B2B 플랫폼 비즈니스에서 매우 중요한 개념으로, 일정한 규칙Rule하의 자신의 비즈니스 모델을 개방하여 사업 자체를 활성화시키는 것을 말한다. 사실, 생각해보면 하나의 기업이 새로운 제품을 개발하고 생산하는 데에 있어서, 처음부터 끝까지 혼자 모든 것을 해결한다는 것은 거의 불가능하다. 특히 디지털 시대에서는 경쟁사와 협력사의 관계가 모호하기 때문에, 여러 기업들과의 개방된 결합을 통해 시장의 파이Pie를 키우는 것이 오히려 성공의 확률을 높일 수 있다. 다만, 이러한 개방성에도 일정한 통제가 필요하다. 예를 들어 제품의 소스코드Source Code를 공개하고 이를 활용하여 영업활동을 한 경우, 법적 권한과 책임의 정의가 매우 중요할 텐데, 이러한 기준들을 통칭하여 "통제된 개방성"이라고 할 수 있다.

필자가 정의한 플랫폼 비즈니스의 핵심개념에 대해서는 본 도서 전반적으로 설명할 예정이다.

플랫폼 비즈니스의 출발점

플랫폼 비즈니스는 언제부터 시작되었을까? 현재의 플랫폼 비즈니스 형태를 갖춘 것은 실질적으로 2000년 이후로 보는 것이 일반적이다. 다만 그 이전 시대의 비즈니스, 특히 IT산업에서의 그것은 현재의 플랫폼 비즈니스의 이전 모델에 해당되며, 또 다른 사업을 연결한다는 측면에서 볼 때 일종의 플랫폼 사업이라 할 수 있다. 이러한 관점에서 이전 시대의 IT산업까지 고려한 플랫폼 비즈니스의 변천과정을 살펴보고자 한다.

우선, 그 시작은 1960년부터 거슬러 올라갈 수 있다. IBM은 물리적 플랫폼인 컴퓨터 하드웨어 생산을 통해 전세계적으로 소프트웨어 산업을 발전시키는데 큰 공헌을 하였다. 1970년~1980년대에는 본격적인 IT 및 소프트웨어 산업이 발달하게 되었으며, 마이크로소프트, SAP, SPSS, Dassault CATIA 등이 이 무렵 설립되어 다양한 네트워크 효과를 통해 폭발적으로 성장하였다.

2000년 전후로 하여 본격적인 플랫폼 기업이 출현하였으며 1994년에는 아마존, 1998년에는 구글과 알리바바, 텐센트, 2004년에는 페이스북, 2006년에는 트위터, 2010년에는 인스타그램, 2012년에는 틱톡이 서비스를 시작하였다.

국내의 경우, 처음 홈페이지를 구축한 것이 1995년 LG전자인 것으로 알려져 있다. 그 이후 1999년에는 인터넷 이용자가 1,000만명을 넘으면서 본격적인 디지털 시대로 접어들었다. 1999년에는 네이버가, 1997년에는 한메일(다음)이 설립되었다. 2000년에는 검색서비스를 시작하여 2002년~2003년부터 사용자 생산형 컨텐츠, 즉 지식N과 블로그와 같은 방식의 플랫폼 비즈니스가 본격화되기 시작되었다. 2004년에는 웹툰이, 2005년에는 아프리카TV가, 2008년에는 유튜브, 2009년에는 페이스북, 2011년에는 트위터, 2012년에는 인스타그램, 2017년에는 틱톡이 서비스를 시작하였다.

해외와 국내의 디지털 변화과정을 간단하게 살펴보았다. 플랫폼 비즈니스의 본격적인 시작 기준은 사용자 개인이 스스로 제품, 서비스 또는 컨텐츠를 만들어 공유하는 시점으로 보는 것이 가장 타당하며, 국내외 모두 2000년을 전후로 하여 이러한 현상이 두드러지기 시작하였다. 그 이전에서의 네트워크는 사용자 스스로의 자발적인 네트워크라기보다는 기업의 주도하에 상품을 판매하기 위한 네트워크라고 할 수 있다. 2000년을 전후로 플랫폼 비즈니스가 시작된 또 다른 배경으로는 전세계적으로 인터넷망의 본격적인 보급이라고 할 수 있다. 인터넷은 모든 기업에게 매우 공정한 게임의 장을 제공하였다. 기존 장치산업에 비해 그 투자비가 매우 낮고, 아이디어만 있다면 적은 인원과 투자금으로도 바로 사업을 시작할 수 있게 하였다. 플랫폼 비즈니스를 진행하기 최적의 상황을 제공한 것이다. 플랫폼 비즈니스가 불과 20여년이라는 짧은 역사를 갖고 있는데도 불구하고 모든 산업에서 핵심 비즈니스 모델로 확장된 것은 바로 이러한 이유 때문이다.

시장에서의 플랫폼 비즈니스 평가

이 책을 읽은 독자들은 아마도 MAGA라는 단어를 들어봤을 것이다. 잘 알고 있겠지만, MAGA란 마이크로소프트Microsoft, 애플Apple, 구글Google 그리고 아마존Amazon의 알파벳 첫 글자를 따서 만든 용어이다. 이러한 기업은 시가총액 1조달러에 달하고 세계 경제에 엄청난 영향력을 미치는 기업으로, 처음 이 단어가 사용된 것은 2016년 도널드 트럼프Donald Trump가 대통령 선거 당시 '다시 미국의 위대함을 만들자Make America Great Again'라는 정치적 구호와 연결하여 함께 사용된 후 집권 시에도 미국의 위대함을 강조하기 위해 종종 사용되었다. 여기에 페이스북을 추가하여 MAFAAMicrosoft, Apple, Facebook, Amazon, Alphabet(Google) 또는 MAFAGMicrosoft, Apple, Facebook, Amazon, Google 등으로 조금씩 다르게 표현하기도 한다. 최근에는 인공지능 비즈니스가 폭발적으로 성장하면서 2023년 6월에 엔비디아nvidia가 반도체 기업으로는 처음으로 시총 1조달러를 넘겼다. 사실 어떻게 표현하든 그것이 중요한 것은 아니며, 핵심은 이러한 대단한 기업들이 모두 플랫폼 비즈니스를 하고 있다는 것이다. 전세계 수많은 투자자들이 기업을 평가할 때 기업이 보유하고 있는 자산 및 서비스 그리고 매출의 규모가 얼마나 되는지가 중요한 평가기준이긴 하지만, 그보다 더 중요한 것은 해당 기업이 미래에 얼마나 성장 가능할 것인가 또한 매우 중요한 요소이다. 플랫폼 기업들은 바로 이런 부분에 매우 높은 점수를 부여받고 있다. 왜냐하면 플랫폼 비즈니스는 기본적으로 네트워크 효과Networks Effects를 바탕으로 사업을 진행하기 때문에, 전통적인 파이프라인 사업방식과 비교하여 판매 및 운영비용이 대단히 낮고, 사업확장 측면에서도 그 폭발력이 비교할 수 없을 정도로 크다. 애플, 구글, 아마존 그리고 페이스북과 같은 기업들이 시가총액 1조달러에 이르는 것도 바로 이러한 잠재성에 높은 점수를 주고 있는 것이다.

글로벌 기업의 시장가치 분석

앞에서 설명한바와 같이, 시장에서의 기업가치는 그 기업의 시가총액Market Cap을 보면 쉽게 알 수 있는데, 시가총액은 주가와 발행 주식 수를 곱한 것으로, 시가총액이 크다는 것은 해당 기업의 현재 실적이 좋을 뿐만 아니라 미래에도 성장을 기대할 수 있다는 것을 의미한다. 따라서 플랫폼을 기반으로 비즈니스를 하는 기업이 시장에서 얼마만큼의 가치로 평가받는지를 알기 위해서는 플랫폼 비즈니스가 본격적으로 시작했던 20년 전과 현재를 비교한다면 보다 명확하게 알 수 있을 것이다.

다음 그림은 시가총액 기준으로 글로벌 Top 10에 대해 20여 년 전과 현재를 비교한 표이다.

먼저 1999년 Top 10기업을 보면, IT 관련 기업이 5개(Microsoft, CISCO, NOKIA, Intel, Lucent), 유통(Walmart), 통신(NTT), 제조(GE) 그리고 에너지 기업이 2개(EXXON, BP)로 나타나고 있다. 그중 IT 기업 중 소프트웨어와 관련된 기업은 1개뿐이고 나머지는 모두 하드웨어를 개발하는 기업들이다. 이러던 것이 2023년이 되어서는 TOP 10 중 무려 7개 기업(Apple, Microsoft, Alphabet(Google), Amazon, META(Facebook), Tesla, UnitedHealth)이 플랫폼 비즈니스를 적용하여 사업을 진행하고 있다. 마이크로소프트Microsoft는 일찌감치 Xbox라는 게임기 플랫폼을 만들어 게임 개발업체(생산자 집단)와 게이머(소비자 집단) 간 B2C 플랫폼 비즈니스를 하고 있다. 최근에는 무려 82조 원에 블리자드를 인수하여 메타버스Metaverse를 적용한 플랫폼 비

글로벌 기업 시가총액 Top 10 비교

1999년 5월 기준 시가총액		2023년 5월 기준 시가총액	
Microsoft	$583 B	Apple	$2.787 T
CISCO	$353 B	Microsoft	$2.441 T
Walmart	$383 B	Saudi Aramco	$2.033 T
NTT	$262 B	Alphabet (Google)	$1.559 T
NOKIA	$197 B	Amazon	$1.237 T
General Electric	$504 B	NVIDIA	$934 B
EXXON	$283 B	Berkshire Hathaway	$701 B
Intel	$271 B	Meta (Facebook)	$678 B
Lucent Technologies	$252 B	Tesla	$646 B
BP plc	$196 B	TSMC	$511 B

즈니스를 추진하고 있다. 애플Apple은 앱스토어App. Store를 만들어 모바일 앱App. 개발자(생산자 집단)와 이용자(소비자 집단)를 연계시키고 있다. 구글과 아마존 그리고 페이스북의 경우에는 이미 잘 알고 있는 플랫폼이라 별도의 설명도 필요 없을 것으로 생각된다. 하지만, 테슬라는 조금 의문이 들것이다. 전기차를 판매하는 테슬라가 어떤 플랫폼 비즈니스를 하고 있는지 말이다. 테슬라는 분명 전기자동차를 만드는 제조사는 맞지만, 기존 전통적인 제조

업체와는 확연히 다른 방식으로 비즈니스를 진행하고 있다. 기존 자동차 제조업체는 기본적으로 원가 경쟁력이 있는 품질 좋은 제품을 대량생산하여 고객에게 판매하는 영업방식을 선택하였다. 하지만 테슬라는 자동차를 테슬라의 서비스 제공을 위한 하나의 디바이스Device로 보고, 자동차, 즉 디바이스를 우선 판매한 후 추가적으로 차량 서비스를 판매하는 방식을 선택하였다. 좀 더 자세히 말하자면, 페이스북, 아마존 그리고 구글은 데이터 기반의 플랫폼 비즈니스를 한다면, 애플과 마이크로소프트는 디바이스(애플: 아이폰, 아이패드, 애플워치/마이크로소프트: 엑스박스)를 기반으로 데이터 및 서비스를 제공하는 플랫폼 비즈니스를 하고 있다. 테슬라의 지향점은 바로 애플과 마이크로소프트와 마찬가지로 자동차라는 디바이스를 통해 서비스 플랫폼 비즈니스를 하고 있는 것이다. 기본적으로 자동차의 통합제어 소프트웨어와 무선 업데이트 기능을 바탕으로 오토파일럿Auto Pilot 풀 셀프 드라이빙Full Self Driving의 판매 및 업데이트를 통해 수익을 만들고 있다. 참고로, 시가총액 TOP 10 중 3위를 하고 있는 아람코는 사우디아라비아 왕실이 지분 100% 보유하고 있는 국영석유회사로, 세계 최대 규모의 석유기업일 뿐만 아니라 사우디아라비아 정부 재정의 80% 이상을 책임지고 있다. 버크셔 해서웨이Berkshire Hathaway는 워런 버핏이 이끌고 있는 투자 전문회사이다.

플랫폼을 기반으로 비즈니스를 진행하는 기업의 시장평가와 관련하여 또 다른 사례를 살펴보고자 한다. 알렉스 모아제드Alex Moazed와 니콜라스 존슨Nicholas L. Johnson은 스탠더드 앤 푸어스S&P: Standard & Poor's의 500대 기업 중 플랫폼 기업과 그 외 기업 간 비교를 통해 플랫폼 기업의 가치를 분석하는 연구(Modern Monopolies: What It Takes to Dominate the 21st Century Economy)를 진행하였다.

기업유형 별 '가격 대비 수익 배수'

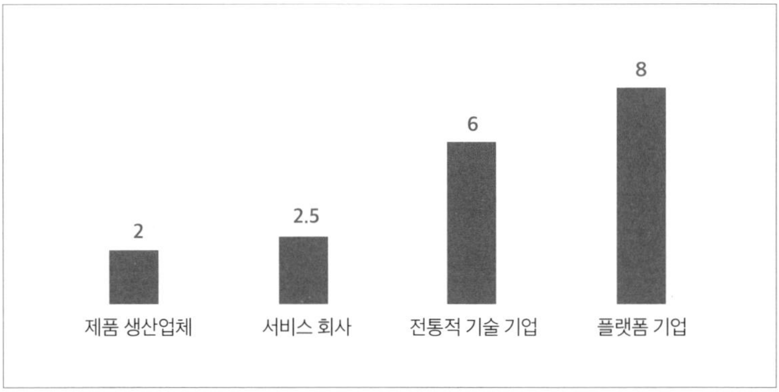

해당 연구에서는 기본적으로 '가격 대비 수익 배수Price-to-Revenue Multiple'를 활용하여 기업의 가치를 평가하였다. '가격 대비 수익 배수'는 기업가치를 연간 매출로 나눈 비율을 의미하는데, 이것은 비즈니스 가치를 추정할 때 주로 사용되는 지표이다. 그림과 같이 제품을 생산하는 제조업체의 경우는 가격 대비 수익이 2배, 서비스를 제공하는 기업의 경우에는 2.5배, 그리고 전통적 기술기업Linear Tech.은 6배를 보이고 있다. 하지만, 플랫폼 기업은 가격 대비 수익이 무려 8배를 나타냄으로써 다른 유형의 기업에 비해 수익배수가 월등히 높게 나타나고 있음을 확인할 수 있다.

'플랫폼 기업 비율 및 순수익 비율'을 보면 플랫폼 기업의 시장가치를 보다 명확히 확인할 수 있다. 여기서 언급한 '기업비율'이란 스탠더드 앤 푸어스S&P 500대 기업에 속한 기업 중 플랫폼을 기반으로 비즈니스를 진행하는 기업의 비율을 의미하며, '순수익 비율'은 전체 스탠더드 앤 푸어스S&P 500대 기업의 전체 순수익 중 플랫폼 기업들이 창출하는 순수익의 비율을 의미한다.

플랫폼 기업비율 및 순수익 비율

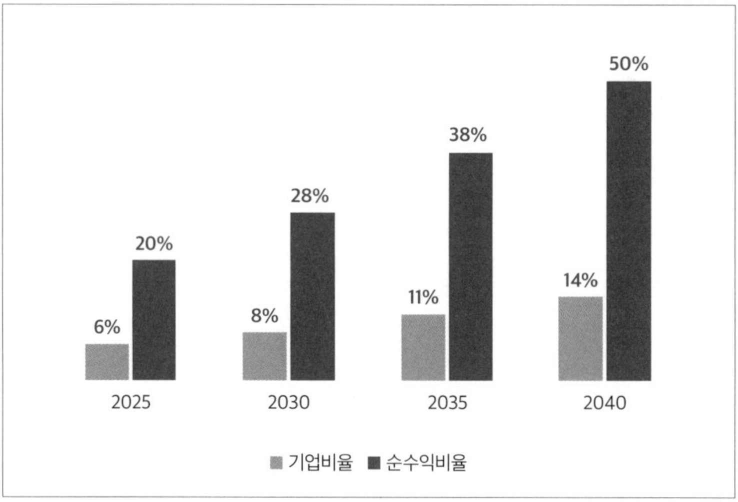

본 연구에서는 2025년 500대 기업 중 플랫폼 비즈니스를 하

는 기업의 수가 전체에서 6%밖에 안되지만, 수익비율은 20%에 달할 것으로 예상하였다. 2040년에 이르러서는 플랫폼 비즈니스를 하는 기업이 14%까지 확대되고 수익은 무려 50%에 달할 것으로 예측하였다. 지난 과거 흐름을 바탕으로 향후 미래를 추정한 숫자이긴 하지만 놀라운 숫자인 것만큼은 확실해 보인다. 물론, 비즈니스의 가치를 평가할 때 '가격 대비 수익 배수'는 현금흐름에 대한 개념이 없고, '플랫폼 기업비율 및 순수익 비율'은 향후 미래에 대한 추정이기 때문에, 그 가치를 정확하게 평가하는데 한계가 있는 것 또한 사실이다. 하지만 여기서 중요한 것은 얼마나 정확하고 근거 있는 '숫자'를 제시하고 있는가보다는, 플랫폼 비즈니스가 기존 파이프라인 비즈니스와 비교해서 시장에서 얼마나 더 높은 가치로 평가받고 있는지를 확인하는 것이라고 생각한다.

국내 기업의 시장가치 분석

앞에서 글로벌 기업의 시가총액 기준 TOP 10을 확인하였다. 그럼 국내 기업의 시가총액 Top 10 분석을 통해, 20년 전과 비교하여 국내 Top 10 기업이 어떻게 변화하고 있는지, 그리고 글로벌 기업과는 어떠한 차이가 있는지 살펴보자.

한국기업 시가총액 Top 10 비교

1999년 5월 기준 시가총액		2023년 5월 기준 시가총액	
한국전력	21조7천억	삼성전자	428조6천억
한국통신공사	14조5천억	LG에너지솔루션	137조6천억
삼성전자	12조4천억	SK하이닉스	86조5천억
posco 포항제철	8조7천억	삼성바이오로직스	55조2천억
SK텔레콤	6조9천억	LG화학	52조5천억
한빛은행	6조9천억	삼성전자우	50조3천억
국민은행	4조1천억	삼성SDI	49조9천억
조흥은행	3조1천억	현대차	42조2천억
신한은행	3조1천억	posco 포스코홀딩스	33조2천억
기아차	3조	NAVER	33조2천억

글로벌 Top 10과 마찬가지로 국내기업의 1999년과 2023년의 시가총액을 비교할 때, 우리나라만의 특징이 하나 있는데, 바로 예상과는 다르게 플랫폼을 기반으로 비즈니스를 하는 기업이 순위에 많지 않다는 것이다. 2022년까지 과학기술정보통신부에 등록된 국내 플랫폼 기업이 1,078개인데도 불구하고, 단지 1개 기업(네이버)만이 Top 10 순위에 들었고 해외매출을 보이는 기업은 네이버와 카카오(시가총액 기준 15위)가 유일하다. 순위에 있는 대부분

기업은 삼성전자, 삼성SDI, SK하이닉스, LG에너지솔루션, LG화학과 같은 제조업이 강세를 보이고 있다. 우리는 매일 카카오톡으로 지인들과 연락을 하고 선물을 주고받고 있으며 배달의민족과 요기요를 활용하여 음식을 주문하고, 쿠팡의 로켓배송을 통해 물건을 구매하고 있는데 말이다.

그렇다면 우리에게 매우 익숙하고 경쟁력을 갖췄다고 생각되는 국내 플랫폼 기업들이 페이스북, 아마존, 에어비앤비처럼 시장에서 생태계를 장악하는 수준까지 성장하지 못한 이유는 무엇일까? 전문가마다 조금은 다르게 생각할 수 있지만, 필자는 개인적으로 크게 3가지 원인이 있다고 생각한다. 먼저, 플랫폼 기업의 성장을 원천적으로 방해하는 관련 규제와 법률을 들 수 있다. 이러한 규제의 대표적인 사례는 2020년 국회 본회의를 통과한 '타다금지법'이다. 이것은 새로운 비즈니스에 대한 이해가 부족한 상황에서 기존 사업자(택시)의 입장을 더 고려한 법이라 생각한다. 물론 이러한 법이 세계적인 플랫폼 광풍에서 국내기업 그리고 영세한 개인사업자를 보호하는 역할을 한다는 점에서는 장점이 있으나, 현대와 같은 글로벌 시대에서 새로운 비즈니스를 배척하는 이러한 쇄국정책이 과연 누구를 위한 법인지는 좀 더 고민을 할 필요가 있다고 본다. 두 번째로는 국내 산업의 특징상 대기업이 대부분의 산업을 좌지우지하고 있으며, 이러한 상황에서 신생기업이 성장하는데 한계가 존재하기 때문이다. 공정거래위원회 자료를 보면 2023년 5월 기준 국내 대기업은 82개 집단으로 무려 3,076개의 기업이 존재하는 것으로 집계되었다. 삼성의 경우 계열사가 63개(2022년 60개), SK는 198개(2022년 186개)이다. 범 LG 계열에 해당하는 LG는 63개(2022년 73개), LS는 59개(2022년 58개), GS는 95개(2022년 93개)이다. 각각의 계열사들이 구체적으로 어떤 사업을 하는지는 모르지만, 대충 어림잡아 생각해도 손대지 않은 산업이 없을 것이라고 쉽게 예상이 된다. 막대한 자금력을 바탕으로 시장을 잠식하는 이러한 대기업으로 인해 국내에서는 새로운 기업, 특히 플랫폼 비즈니스를 하는 기업이 성장하는데 어려움이 있다. 왜냐하면 기존 대기업은 전형적인 파이프라인 비즈니스를 하고 있으므로 시장의 주도권을 뺏길 수 있는 플랫폼 비즈니스의 진입을 허용하지 않기 때문이다. 국내 플랫폼 기반의 비즈니스를 진행하는 기업이 성장하지 못하는 마지막 이유는, 시장규모 자체가 미국과 비교하여 상대적으로 작다 보니 기업이 안정적으로 성장하기가 어렵고, 자연히 투자자들도 플랫폼 기업에 적극적인 투자를 꺼리기 때문이다. 관련해서는 'Ⅱ. 플랫폼 비즈니스의 특징 및 성공요소'에서 보다 자세히 다뤄볼 예정이다.

플랫폼 비즈니스에서 생태계는 왜 중요한가?

언젠가부터 '생태계'라는 단어가 비즈니스에서 일반적인 용어로 사용되기 시작하였다. 우선 생태계의 의미를 살펴보면, 위키피디아Wikipedia에서는 '상호작용하는 유기체들과 서로 영향을 주고받는 주변의 무생물 환경을 묶어서 부르는 말'이라고 정의하고 있다. 이것을 일반화하여 표현하자면, 상호 의존적인 상태에서 자생적으로 운영되는 하나의 독립된 체계라고 할 수 있다.

'비즈니스 생태계'라는 용어는 1993년 제임스 무어James Moore가 처음 그 개념을 정의하였다. 그는 관련 연구에서 '비즈니스 생태계'를 '공동체에 속한 각 경제주체들의 경영활동이 전체 공동체의 존립에 상당 부분 영향을 미치는 상호 의존적인 존재의 네트워크'라고 정의하였다. 다소 어렵게 표현은 했지만, 결론은 기업이 생존하기 위해 경쟁기업 그리고 협력기업과의 상호작용을 통해 서로의 가치를 함께 만들어간다고 설명할 수 있다.

비즈니스에서 그러한 생태계를 차지하기 위해 치루어지는 경쟁 중 가장 치열한 경쟁 중에 하나가 바로 우리가 너무나 잘 알고 있는 구글의 안드로이드Android 진영과 애플의 iOS 진영 간의 혈투라고 할 수 있다. 현재 안드로이드가 71.54%, iOS 27.81%의 시장점유율을 기록하고 있는 상태지만, 단순히 숫자만 보고 안드로이드가 훨씬 우수한 생태계를 갖추었다고 말하기에는 다소 부족함이 있다. 현재 구글과 애플은 모바일 OS 시장에서 독점적 지위를 얻기 위해 다양한 생태계를 만들고 있다. 대표적으로 구글은 플레이 스토어Play Store를 그리고 애플은 앱스토어App. Store를 통해 개발자에게는 돈을 벌 수 있는 기회를, 앱 사용자들에게는 재미있고 편리한 앱을 사용할 수 있는 기회를 제공함으로써, 수많은 개발자와 앱 사용자를 연결시키고 있다. 또한 여러 카드사와 연계한 결제 서비스 등의 편의기능도 제공하고 있다. 최근에는 애플에서 페이 외에도 국내 교통카드 지원을 하면서 경쟁이 더욱 심화되고 있다. 이러한 활동 그리고 시스템적 환경이 비즈니스에서 자신들만의 생태계를 만들기 위한 하나의 활동이라고 할 수 있다.

생태계 유형

생태계에는 어떤 유형이 있을까? 일반적으로 '통제형 생태계'와 '개방형 생태계' 두 가지가 유형이 존재한다고 이야기한다. 우선 '통제형 생태계'은 생태계에서 발생하는 상호작용을 특정한 조직이 임의로 조절하는 생태계를 말한다. 이와는 반대로 개인 스스로의 판단을 존중하며 역동적 상호작용을 보장해주는 생태계를 '개방형 생태계'라고 한다. 각 플랫폼의 설명을 위해 구체적인 기업사례를 확인하고자 한다.

1) 통제형 생태계

'통제형 생태계'란 어느 한 조직에서 생태계의 운영 및 활성화를 임의로 조절하며 상호작용을 형성하는 생태계를 말한다. 따라서 상호작용에 대한 거버넌스Governance, 즉 제반장치 및 규칙 등이 명확하고 그러한 기준을 어겼을 때에는 생태계에서 퇴출되게 된다. 특정 목적을 위한 생태계이므로 상호작용에 참여한 활동주체의 수는 상대적으로 적으며 네트워크 효과 또한 제한적일 가능성이 높다.

쉽게 이해하기 위해 구체적인 예를 들어보자. 현대자동차의 디벨로퍼스Hyundai Developers가 좋은 사례라고 할 수 있다. 국내 제조업의 대표적인 기업인 현대자동차가 그들 입장에서 생각해보면 전혀 필요 없을 것 같은 비즈니스 생태계를 만들었다. 현대자동차는 생태계를 운영하는 주관자로 자동차를 구매하는 고객과 제3의 업체3rd Part를 묶는 생태계를 만들었다. 현대자동차가 만들고자 하는 생태계의 기본적인 방향은 고객에게는 다양한 서비스를, 업체들에게는 돈을 벌 수 있는 환경을 만들고자 하였다. 좀 더 구체적으로 보면, 고객에게는 차량관리, 출장 세차, 차량금융 그리고 EV충전 등과 같이 보다 고도화된 차량 서비스를 경험시킴으로써 현대자동차에 대한 평을 높이고자 하였다. 반대로 업체들에게는 커넥티드카Connected Car로 수집된 데이터(운전행태지수, 이동/운행지수, 차량상태지수, 잔존가치지수 등)를 활용하여 다양한 서비스와 상품을 만들어 판매할 수 있도록 하였다. 즉, 자동차를 구매한 고객에게는 차를 더 잘 활용하고 편안한 운전이 될 수 있도록 다양한 서비스를 제공하고, 업체에게는 돈을 벌 수 있는 환경을 만들어 줌으로써 고객과 업체 간 상호작용이 발생할 수 있도록 한 것이다. 따라서 현대자동차 입장에서는 그들이 원하는 방식대로 생태계가 운영되기를 원했을 것이고, 이를 위해 여러가지 상호작용의 기준(API Application Programming Interface 활용방법, 개발 가이드, 상용화 프로세스, 서비스 가이드 등)을 마련하였다. 물론, 현대자동차가 제시한 거버넌스를 개발업체가 어겼을 경우 생태계에서 퇴출된다.

현대 디벨로퍼스 생태계

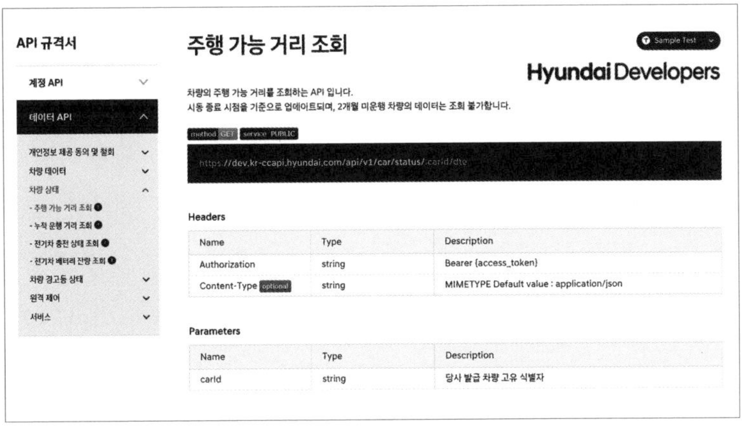

대표적인 파이프라인 비즈니스에 해당하는 금융권 또한 적극적으로 생태계 기반의 플랫폼 비즈니스를 적용하고 있다. 일반적으로, 플랫폼 비즈니스를 하는 기업들은 모두 다 자신이 생태계의 주인이 되기를 원한다. 이커머스에서는 아마존과 쿠팡이 그러했던 것처럼, 숙박업에서는 에어비앤비가 그리고 미디어에서는 유튜브가 그랬던 것처럼 해당 생태계에서 주인, 즉 지배사업자가 되기를 원하고 있다. 은행들도 마찬가지로 그들이 만드는 비즈니스에서 자신들이 주인이 되어 핀테크FinTech 기업들이 자신의 생태계 안으로 들어오길 원한다. 다시 말해서 모든 금융상품의 판매와 거래를 자신들이 만들어 놓은 뱅킹 마켓플레이스Banking Market Place라는 운동장 안에서 다같이 놀아 주기를 원하는 것이다. 구체적인 사례를 들어보자. 쿠팡은 '로켓 정기적금'이라는 이름으로 금융상품을 출시하였다. 이커머스를 하는 기업이 금융상품을 만든 이유는 간단하다. 바로 쿠팡을 이용하는 많은 사용자들에게 더 많은 서비스를 제공함으로써 고객의 이탈을 방지하고, 이커머스에서 더 많은 매출을 얻기 위함이다. 하지만, 금융업무에 이해가 없는 쿠팡 입장에서는 상품을 직접 개발할 수가 없었기 때문에, 기존 은행과 연계할 수밖에 없었다. 따라서 뱅킹 마켓플레이스를 통해 금융상품을 출시하되 실질적인 금융업무의 처리는 하나은행이 담당하고, 쿠팡은 홈페이지를 통해 상품을 판매하는 역할만 수행하였다. 기존 은행에서 제공하는 상품과 동일한데 상품의 이름만 변경되어 판매하는 것이다. 참고로 이러한 상품을 화이트 라벨링White Labeling이라고 한다. 금융권의 또 다른 생태계는 뱅킹 마켓플레이스와는 반대의 개념인 금융 서비스 플랫폼을 의미하는 '서비스형 뱅킹BaaS: Banking-as-a-Service이 있다. 서비스형 뱅킹이란 은행이 아닌 다른 기업이 기존 은행이 제공하던 디지털 뱅킹 서비스를 해당 기업의 서비스와 통합하여 새롭게 제공하는 것을 의미한다. 해당 기업에 입장에서는 금융업무를 수행하기 위한 라이선스 그리고 엄청난 투자 없이도 은행의 업무를 활용할 수 있고, 고객은 보다 혁신적인 금융서비스를 받을 수 있게 되는 것이다. 이러한 서비스는 기본적으로 API를 통해 연계되며 계좌실명조회, 영업점 정보조회, 환전지갑, 급여내용등록, 손해보험 통합조회 등을 개방하고 있다.

뱅킹 마켓플레이스와 서비스형 뱅킹 모두 플랫폼을 기반으로 금융업무 인프라를 외부 기업과 연계하여 상품 및 서비스를 다양화한 사례라고 할 수 있다. 이러한 경우 또한 기존 파이프라인 비즈니스를 하던 기업(은행)의 입장에서는 플랫폼의 생태계 자체를 그들이 원하는 방향으로 움직이기를 원할 것이고, 그에 따라 어느 플랫폼보다 더욱 강력한 거버넌스를 갖추게 되는 것이다.

하나은행 API Market

2) 개방형 생태계

'개방형 생태계'란 '통제형 생태계'와 반대 개념이라고 보면 된다. 생태계의 주최자는 있을 수 있지만 막강한 권한은 없으며, 보다 자율적이고 역동적인 다면적 상호작용을 할 수 있도록 보장한다. 그렇다고 해서 거버넌스가 없는 것은 아니다. 최소한의 규칙이 있으며 자율적 상호작용을 권장하지만 그 규칙을 어겼을 경우 생태계에서 퇴출되기도 한다. 사실, 개방형 생태계는 통제형 생태계보다 우리에게 더욱 친숙한 생태계이다. 바로 유튜브가 그것인데, 회원가입만 하면 영상 컨텐츠를 누구나 제작하여 방송을 할 수 있다. 심지어 사회적으로 문제가 될 수 있는 정치적 이슈 등도 자유롭게 라이브로 방송을 할 수 있다. 다만 범죄에 해당하는 것만 아니면 말이다. 이러한 유튜브 개방형 생태계는 최소한의 규칙하에서 자율적인 방송을 하고 슈퍼챗Super Chat 및 슈퍼스티커Super Sticker와 같은 방식으로 후원을 받으며 상호작용을 한다.

개방형 생태계가 얼마나 강력한지에 대해 구체적인 사례를 살펴보자. 브리태니커 백과사전Encyclopedia Britannica은 1980년대만 하더라도 미국 중산층 서재에 반드시 있어야 할 필수품이었다. 12만여 개의 항목과 4,400만 개의 낱말로 구성되어 있고, 저자는 약 4천여명, 편집 제작비만 3,200만 달러에 달했다. 책 분량으로 보면 짧은 글로 구성된 마이크로피디아Micropædia는 12권으로, 긴 문장으로 구성된 매크로피디아Macropædia는 17권으로 되어 있었다. 당시 사람들은 만약 모르는 것이 있다면, 방대한 지식이 집대성되어 있는 이 백과사전을 펼쳐서 확인을 했다. 물론 인터넷이 발달하기 전까지 말이다. 전세계적으로 유명했던 이 백과사전은 1768년에 스코틀랜드에서 처음 발간된 후 무려 244년 만에 지난 2012년 인쇄본 발행을 중단하게 되었고, 이제는 온라인으로만 서비스를 제공하고 있다.

이러한 브리태니커 백과사전과 관련하여 과학전문잡지인 네이처에서 매우 흥미로운 특집 기사를 냈는데, 바로 온라인 백과사전인 위키피디아Wikipedia와 브리태니커의 정확성에 대한 기사였다. 참고로, 위키피디아에 대해서는 많은 독자들이 이미 잘 알고 있겠지만, 참여형 웹사이트 기술인 '위치wiki'와 백과사전Encyclopedia을 더한 혼성어로, 기본적으로 인터넷 사용자라면 누구나 익명/필명으로 대가 없이 공동작업 방식으로 참여하는 온라인 백과사전이다. 현재 300개가 넘는 언어로 서비스 중이며, 5천 7백만 페이지, 등록 후 수정된 페이지는 11억개 그리고 글을 등록하기 위한 사용자는 4천4백만에 이른다고 한다. 어쨌든 네이처 기사에 따르면 과학영역의 정보를 분석한 결과, 브리태니커에서는

위키피디아 소개

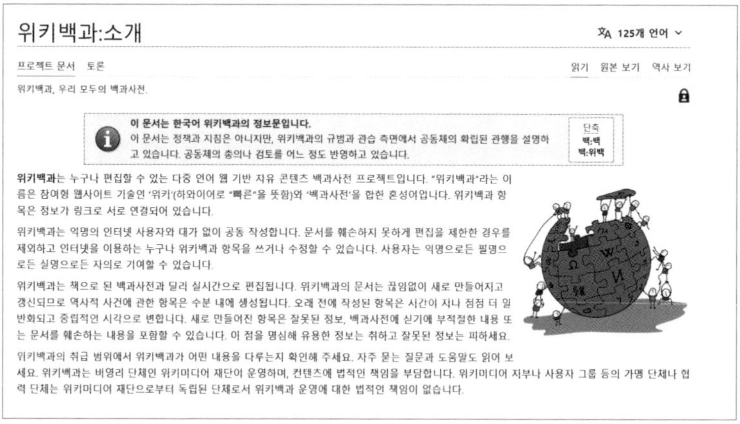

위키백과:소개

文A 125개 언어

프로젝트 문서 토론

읽기 원본 보기 역사 보기

위키백과, 우리 모두의 백과사전.

이 문서는 한국어 위키백과의 정보문입니다.
이 문서는 정책과 지침은 아니지만, 위키백과의 규범과 관습 측면에서 공동체의 확립된 관행을 설명하고 있습니다. 공동체의 총의나 검토를 어느 정도 반영하고 있습니다.

단축
백:백
백:위백

위키백과는 누구나 편집할 수 있는 다중 언어 웹 기반 자유 콘텐츠 백과사전 프로젝트입니다. "위키백과"라는 이름은 참여형 웹사이트 기술인 '위키'(하와이어로 "빠른"을 뜻함)와 '백과사전'을 합한 혼성어입니다. 위키백과 항목은 정보가 링크로 서로 연결되어 있습니다.

위키백과는 익명의 인터넷 사용자와 대가 없이 공동 작성합니다. 문서를 훼손하지 못하게 편집을 제한한 경우를 제외하고 인터넷을 이용하는 누구나 위키백과 항목을 쓰거나 수정할 수 있습니다. 사용자는 익명으로든 필명으로든 실명으로든 자의로 기여할 수 있습니다.

위키백과는 책으로 된 백과사전과 달리 실시간으로 편집됩니다. 위키백과의 문서는 끊임없이 새로 만들어지고 갱신되므로 역사적 사건에 관한 항목은 수분 내에 생성됩니다. 오래 전에 작성된 항목은 시간이 지나 점점 더 일반화되고 중립적인 시각으로 변합니다. 새로 만들어진 항목은 잘못된 정보, 백과사전에 싣기에 부적절한 내용 또는 문서를 훼손하는 내용을 포함할 수 있습니다. 이 점을 명심해 유용한 정보는 취하고 잘못된 정보는 피하세요.

위키백과의 취급 범위에서 위키백과가 어떤 내용을 다루는지 확인해 주세요. 자주 묻는 질문과 도움말도 읽어 보세요. 위키백과는 비영리 단체인 위키미디어 재단이 운영하며, 컨텐츠에 법적인 책임을 부담합니다. 위키미디어 지부나 사용자 그룹 등의 가맹 단체나 협력 단체는 위키미디어 재단으로부터 독립된 단체로서 위키백과 운영에 대한 법적인 책임이 없습니다.

123건의 오류가, 위키피디아에서는 162건의 오류가 발견되었다고 한다. 위키피디아가 39건의 오류가 더 많다고는 하지만, 사실 전체 양을 생각한다면 크게 차이가 나지 않는 수준이다. 브리태니커 입장에서는 엄청나게 자존심이 상하는 문제이다. 200년이 넘는 기간동안 전세계 수많은 학자와 전문가들이 집대성한 지식의 정확성이, 겨우 몇 년 되지 않았고 더욱이 전문가가 아닌 일반인이 익명으로 작성하는 온라인 백과사전과 컨텐츠의 품질에서 차이가 크게 없기 때문이다.

의문이 드는 부분이 바로 여기 있다. 익명으로 글을 쓰는데 어떻게 장난이나 악의적인 엉터리 정보로 가득 차지 않는 걸까 말이다. 이와 관련하여 IBM 연구원인 마틴 와텐버그Martin Wattenberg와 베르난다 비에가스Fernanda Viegas는 그들의 연구에서 그 이유를 확인하였다. 연구에 따르면, 어떤 엉터리 컨텐츠가 누군가에 의해 삭제됐다면, 익명의 사용자에 의해 여러 의견과 함께 해당 글을 수정하여 단지 2분 이내에 다시 등록되었다고 한다. 또한 논란의 여지가 있는 글의 경우에는 익명의 사용자로 하여금 1,000회 이상 수정이 되었다고 하니 정말 놀라운 일이다. 앞에서 언급한 개방형 생태계의 특징인 '자율적이고 역동적인 다면적 상호작용'이 바로 이러한 것이다. 생태계의 주관자는 최소한의 규칙을 수립하고 수많은 활동주체가 스스로의 가치를 낼 수 있도록 공간을 마련해준다. 그리고 각각의 활동주체는 스스로의 자정활동을 통해 생태계의 '품질'을 확보하게 되는 것이다.

넷플릭스, 쏘카, 타다는 플랫폼 비즈니스일까?

최근 스트리밍 서비스인 OTTOver The Top가 대중화되면서 넷플릭스의 이용자도 많이 증가하였다. 넷플릭스는 인터넷Net과 영화Flicks를 합성한 단어로, 원래 비디오 대여점으로 시작하여 인터넷의 대중화되면서 온라인을 통해 원하는 영화나 드라마를 조건이나 제한 없이 상대적으로 저렴한 금액으로 무제한 시청할 수 있도록 하여 큰 성장을 이루었다. 이러한 넷플릭스는 플랫폼 비즈니스가 활발해지면서 플랫폼의 대표적 사례로 거론되곤 한다. 하지만, 넷플릭스는 정말 플랫폼 비즈니스를 하는 걸까? 결론부터 말하지만 필자는 '아니오'라고 확실히 말할 수 있다. 왜냐하면 플랫폼 비즈니스의 두 가지 기본 충족요건인 '생산자 및 소비자의 양면시장 여부' 그리고 '자율적인 생태계 여부'에 부합되지 않기 때문이다. 넷플릭스는 기존에 만들어진 영화를 구매하거나 혹은 영화제작을 외주로 주문하여 넷플릭스가 소유권을 갖고 소비자에게 일방적으로 서비스를 제공하는 방식이다. 즉 자율적 생태계가 존재하는 것도 아니고 양면시장이 존재하는 것도 아니다. 단지 인터넷을 통해 자신들이 보유하고 있는 영화라는 컨텐츠를 서비스해주는 업체일 뿐이다. 혹자는 생산자와 소비자가 있는 확실한 양면시장이기 때문에 플랫폼 비즈니스가 맞다고 주장하고 있으나, 그런 논리라면 다른 사람들의 물건을 판매하는 동네에 있는 가게도 플랫폼 비즈니스하고 있는 것이고, 자신의 땅에서 다른 사람이 만든 비료를 사와서 농사를 짓는 농부도 플랫폼 비즈니스를 하고 있다는 것과 동일이다. 예를 든 가게와 농사가 플랫폼 비즈니스라고 말하기 어려운 이유는 양면시장과 자율적인 생태계가 없기 때문이다.

그럼 쏘카와 타다는 어떠할까? 이 두 기업 모두 '차량공유 플랫폼'이라고 말을 하고 있으나, 서비스를 제공하는 생산자가 여러 집단이 아닌 단지 하나의 기업만이 존재하기 때문에 플랫폼 비즈니스를 하고 있다고 말하기 어렵다. 뿐만 아니라 차량을 소유하고 있는 사람도, 차량을 운전하는 기사들도 기업에서 직접 고용한 직원이다. 넷플릭스와 마찬가지로 양면시장과 자율적인 생태계가 존재하지 않고, 그냥 인터넷을 기반으로 차량공유 서비스를 제공하는 기업일 뿐이다. 이러한 방식의 기업이 플랫폼 비즈니스가 되려면 우버와 리프트와 같이 플랫폼 기업이 차량과 운전기사를 소유하지 않은 상태에서 개인(생산자 집단)과 개인(소비자 집단) 혹은 기업(생산자 집단)과 개인(소비자 집단)이 연결되도록 생태계를 만들어야 한다. 그래야 양면시장이 발생하는 것이고 자율적인 생태계가 만들어지는 것이다.

성공한 플랫폼 기업의 공통된 문제점과 상생

쇼핑, 세탁, 숙박, 택시 등 우리의 모든 생활을 플랫폼 안에서 활동하는 시대가 되었다. 편리한 세상이 된 것 같지만, 문제는 플랫폼이 생활의 중요한 부분이 된 만큼 사람들이 자주 사용하는 플랫폼의 편중이 심해지는 현상이 나타났다. 이것은 곧 건전해야 할 생태계가 특정 기업이 시장을 장악하면서 왜곡이 발생할 수 있다는 것을 의미한다고 볼 수 있다.

미국 내 구글 검색은 87%, 아마존은 41%, 마이크로소프트의 OS는 60%의 시장점유율을 보이고 있고, 국내에서는 카카오톡이 87% 그리고 네이버 검색은 60%의 점유율을 나타낸다. 사업 초창기 혁신의 아이콘이었던 이러한 플랫폼 기업들이 이제는 기존의 대기업 못지않은 사회적 갑질문제를 일으키기도 하고, 소비자와 소상공인에게 피해를 준다는 기사 또한 종종 발견하곤 한다. 여론의 흐름 또한 플랫폼 기업의 성과보다는 문어발식 사업 확장 그리고 골목상권 침해 등에 대해 부정적 기사를 내보내고 있는 것이 현실이다.

성공한 플랫폼들이 사회적 이슈를 만들어내는 것에는 전형적으로 3가지 유형이 있는데, 먼저 플랫폼이 성공한 후 공짜로 사용하던 플랫폼에 이용료를 새롭게 부과하거나 또는 기존 이용료를 높여서 플랫폼을 이용하는 사용자들에게 부담을 주는 유형이다. 배달의민족과 카카오 택시 등의 경우에는 수수료 체계를 변경하여 더 높은 사용료를 부과하거나 고가 서비스를 출시하는 방식으로 가격을 인상하였고, 미국의 아마존의 경우에도 프라임 회원의 회비를 17% 인상하기도 하였다. 이러한 과정에서 소비자 및 플랫폼 노동자와 사회적 이슈가 되어 여러 상생안을 발표하기도 하였다. 두 번째 유형은 수직적 통합을 통해 소비자의 선택권을 박탈하고 기존 기업과 소상공인의 시장 진입을 막는 유형이다. 예를 들어 쿠팡과 아마존은 자체개발 상품PB: Private Brand을 제작하여 고객이 상품검색 시 자체개발한 상품이 우선 노출되도록 알고리즘을 설정하여 공정거래위원회에 조사를 받기도 하였다. 이것이 의미하는 것은 만약 고객이 화장지라고 검색을 한다면 검색결과로 화면 상단에 자체개발한 상품들이 먼저 표시되고, 다른 상품들은 페이지를 넘겨서 확인할 수 있도록 하는 방식이다.

또한 자체개발한 상품을 소비자가 선택하도록 “강력추천” 또는 “품질보장”과 같은 이미지를 추가함으로써, 소비자로 하여금 선택의 판단을 흐리게 만들기도 한다. 이러한 방식이 검색 알고리즘을 활용하여 소상공인의 시장 진입을 막는 대표적인 유형이라고 할 수 있다. 마지막으로 수직적 통합과 더불어 브랜드를 활용한 문어발식 사업확장을 통해 다른 기업이 성장할 수 있는 기회 자체를 차단하는 유형이 있다. 대표적인 사례가 카카오인데 2010년 창업한 카카오는 단지 10여년만에 계열사가 무려 158개나 되는 문어발식 대기업으로 성장하였다. 카카오 모빌리티는 택시, 대리운전, 퀵 서비스 그리고 자전거 대여 서비스를 제공하고 있다. 카카오 인베스트먼트는 미용실, 영어교육, 육아 관련 서비스를 제공하고 있으며, 카카오 엔터테인먼트는 음악, 영화, 연예기획을 담당하는 자회사이다. 말 그대로 안하는 사업이 없을 정도로 문어발식 사업확장을 하였다. 가장 큰 문제는 막대한 자금력과 브랜드 이미지를 활용하여, 동네 골목상권의 소상공인 영역까지 침범하여 지역경제를 장악하려는 것이 문제이다. 대기업이 해야 할 사업영역이 있고, 소상공인이 하는 사업영역이 있는데 말이다.

이러한 문제들로 인해 국가기관에서도 다수의 법안들이 국회에 발의되어 지위 남용행위 및 불공정거래행위를 규제하기 위한 움직임을 보이고 있다. 아래 표는 온라인 플랫폼을 규제하는 관련 법안으로, B2B 및 B2C 유형에 상관없이 폭넓게 법안을 만들고 있음을 확인할 수 있다.

온라인 플랫폼 규제 관련 주요 법안

소관부서	법안	규율대상
공정거래 위원회	온라인 플랫폼 중개거래의 공정화에 관한 법률안	B2B
	전자상거래 등에서의 소비자보호에 관한 법률 개정안	B2C
방송통신위원회	온라인 플랫폼 이용자 보호에 관한 법률안	B2B, B2C
금융위원회	전자금융거래법 개정안	B2B, B2C

KIRI 참조

사실 기업이 사업을 확장하고 새로운 회사를 설립하여 고용 창출을 하는 것은 잘못된 것은 아니다. 오히려 매우 바람직한 방향으로 가는 것이다. 쿠팡이 자체개발 상품을 통해 기존 사업자의 영업기회를 축소시키는 사회적 이슈를 만들었지만, 해당 영업 전략이 반드시 나쁜 결과만을 갖고 온 것은 아니다. 쿠팡이 자체 개발 상품을 만들기 위해 새로운 중소 제조사를 연결하였고, 일자리는 2,000여개를 창출하였다. 소비자 입장에서는 질 좋은 상품을 상대적으로 낮은 가격에 구매함으로써 기존 사업자와의 경쟁을 통한 시장의 건전성을 향상시키는 역할 또한 하였다. 문제는 앞에서 언급한 바와 같이 동반성장의 윈윈전략Win-Win Strategy을 고려하지 않고, 단지 기존 사업자를 위협하는 방식으로 진행한 것이다.

가장 중요한 것은 바로 '상생의 룰Rule'이다. 강제적 법제정을 통한 공정성 확보보다는 기업 스스로 공정한 시장을 만들기 위한 노력이 필요하다. 중소기업의 시장을 뺐어 와서 성장하는 것이 아닌, 상생의 관점에서 사업을 진행해야 진정한 플랫폼이 될 수 있는 것이다.

Chapter 2

전통적 기업과 플랫폼 기업의 차이

산업구조와 비즈니스 트렌드는 숨 막힐 정도로 빠른 속도로 변화하고 있다. 이것을 다르게 표현하자면, 지금 시대의 산업구조에서 살아남으려면 현재의 시대가 요구하는 비즈니스 구조에 맞게 변화하고 적응해야 한다는 것을 의미할 수 있다. 오해하지 말하야 할 것은, 기존 사업을 버리고 새로운 비즈니스를 찾으라는 것이 아니다. 잘해 오던 비즈니스를 더욱 잘하기 위해 디지털 기술을 적극적으로 도입하고 기존 비즈니스에 혁신을 이루자는 의미이다. 현실에 안주하여 혁신을 이루지 않는다면, 결국은 시장에서 도태되게 되기 때문이다. 증기 기반의 동력원에서 전기 기반의 동력원으로 전화하지 않았던 기업이 그랬던 것처럼 말이다.

전통적 기업의 사업모델, 가치사슬

증기 및 전기 동력원을 기반으로 산업규모는 크게 성장하였고, 그에 따라 기업도 그 규모가 기존과는 비교도 할 수 없을 정도로 크게 성장하였다. 기업이 성장할수록 기업들은 자신들이 생산해내는 제품 혹은 서비스에 대해, 어떻게 그리고 얼마나 가치를 창출해내는지 분석하기를 원하였다. 이것이 곧 기업의 경쟁력이라고 생각했기 때문이다. 이러한 경영분석을 '기업의 가치창출 모델'이라고 하는데, 여러 가치창출 모델 중 가장 보편적인 모델은 바로 마이클 포터Michael Porter에 의해 정립된 '가치사슬 모델Value Chain Model'이라고 할 수 있다.

가치사슬은 1985년 "경쟁우위"라는 책을 통해 제창되었으며, 기업의 경쟁력을 분석하고 어떻게 경쟁사 대비 우위에 설 것인지

경영전략을 세우는데 폭넓게 사용되었다. 이러한 가치사슬에 대해 상세히 살펴보자.

기존 비즈니스에서의 핵심전략, 가치사슬 – Value Chain

가치사슬에 대한 정의는 전문가에 따라 조금은 다르게 설명하고 있다. 다소 복잡하게 설명하는 전문가는 '고객에게 가치를 주는 기업의 활동Performance과 이 활동을 가능케 하는 생산과정Process과 밀접하게 연결되어 고객의 욕구Needs를 충족시키는 전체 과정'이라고 정의하였다. 좀 더 쉽게 표현하는 전문가들은 '제품 또는 서비스를 생산하기 위해 재료 및 노동력 등의 자원을 결합하는 과정'이라고 표현하였다. 이러한 해석의 차이는 전문가마다 본인의 관점에서 강조하고자 하는 포인트의 차이에서 발생한 것일 뿐 그 개념은 동일하다고 볼 수 있다. 여러 개념으로 해석되는 이러한 가치사슬을 좀 더 쉽게 하나의 개념으로 표현을 하자면, '비용요소별 경쟁우위 확보를 통해 이윤의 극대화'라고 할 수 있을 것 같다. 그럼 가치사슬이라는 단어에서의 '가치'란 무슨 의미일까? 가치사슬을 제시했던 마이클 포터는 이 '가치'를 '기업이 생산하는 제품에 대해 고객이 기꺼이 지불하려는 금액'라고 정의하였다. 즉 제품의 금액이 크다면 그 제품의 가치가 큰 것이고,

금액이 작다면 그 가치는 낮다는 것이다. 따라서 가치사슬이란 고객의 욕구를 충족시켜줄 제품을 기업이 생산하는 과정에서 발생되는 비용요소를 각 단계별로 분석하여 경쟁력을 확보하자는 것이다. 여기서 말한 비용요소는 크게 두 가지로 나누어지며, 직접적으로 영향을 미치는 본원적 활동Primary Activities(구매, 물류, 생산, 마케팅, 영업 등)과 본원적 활동을 뒷받침해주는 지원활동Support Activities(인적자원 관리, 기술개발, 회계 등)으로 구분된다. 본원적 활동의 목적은 각 생산단계에서의 원가를 초과하는 가치를 창출할 수 있도록 하는 것이고, 지원활동의 목표는 본원적 활동이 더욱 잘 진행될 수 있도록 지원을 해주는 활동이다.

가치사슬의 본원적 활동과 지원활동의 프레임워크는 다음과 같다.

가치사슬 프레임워크

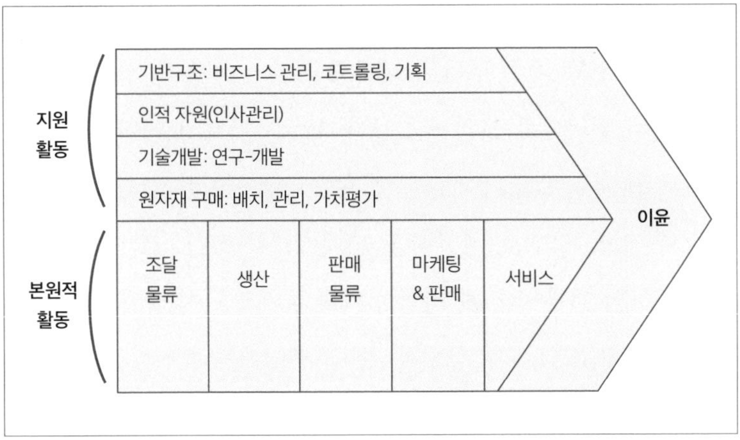

일반적으로 기업이 사업을 확대하는 패턴은 유사하다. 하나의 산업에서 성공한 후 다른 산업분야까지 사업을 확대하면서 대규모 조직으로 성장한다. 사업을 확대하는 기본적인 방향성은 바로 제품을 생산하여 소비자에게 전달되는 전체 프로세스 상에서 필요하다고 생각하는 영역을 선택하여 확대하는 것이다. 즉 공급사슬을 기준으로 하나의 방향으로 흘러가는 형태로 확대되었다. 이러한 비즈니스 모습에 착안하여 기존 기업들의 사업방식을 '파이프라인 비즈니스Pipeline Business'라고도 표현하였고, 동일한 의미로 '선형적인 비즈니스Linear Business'라는 단어도 사용한다. 어쨌든 이러한 사업모델은 20세기를 지배하는 사업모델로 성장하였는데, 그 이유는 조직을 운영하고 제품 및 서비스를 고객에게 제공하는데 매우 효율적이고 이익을 창출하는데 효과적이기 때문이다. 최근에는 IT기술을 적극적으로 적용하면서 '비용요소별로 경쟁우위를 확보하고 이윤을 극대화'하는 가치사슬 전략에 적지 않은 성과를 내었다. 무엇보다 제품 혹은 서비스를 시장에 출시하기 위해 원자재를 도입하고 생산과정을 거쳐 고객에게 도달하기까지 전 과정에서 IT기술을 적용함으로써 기존 방식에서는 상상할 수 없을 정도로 생산성을 크게 향상시켰다. 그리고 생산부터 소비까지 전과정을 한 기업이 직접 통제하는 방식에서, 핵심역량을 제외하고 나머지 공정과정은 아웃소싱Outsourcing 하는 방식 또한 보편화된 전략이 되었다.

가치사슬의 성공사례 중 가장 많이 인용되는 것이 바로 포드자동차의 사례라고 할 수 있다. 포드자동차는 기존 조립라인에서 자동차 한 대를 생산하는데 720분이 소요되었다고 한다. 전체 공정 중 각각의 모든 단계에 대해 불필요한 요소를 분석하였고 공급사슬 전략을 통해 생산공정을 효율화하였다. 여기에는 외주를 통한 작업 그리고 IT기술의 적용 등이 있었으며, 이러한 활동을 통해 포드자동차는 자동차 한 대를 생산하는데 90분으로 단축하였다고 한다. 비록 구체적으로 어떻게 적용했는지는 정확히 알 수 없지만, 단지 수치상으로 본다면 효율성이 9배로 높아졌다는 것인데, 정말 대단한 성과가 아닐 수 없다. 결국 이러한 혁신과정을 통해 기업의 이윤은 크게 향상이 되고 대량생산 체계가 가능하게 되었다.

비즈니스 방식의 변화 – 플랫폼

모든 비즈니스의 궁극적인 목표는 동일하다. 비용을 최소화하고 이윤을 극대화하는 것이다. 기존 전통적인 사업방식인 파이프라인 비즈니스Pipeline Business(선형적 비즈니스Linear Business와 동일한 의미이므로 앞으로는 파이프라인 비즈니스로 통칭하고자 한다)에서는 손익분기점BEP: Break-Even Point를 달성하기 위해 가치사슬은 최고의 방법론을 제시하였다. 그 이유는 앞에서 설명한 바와 같이 제품생산 전 과정에서 원가요소를 분석하고 경쟁력을 확보하는 데에 있어서, 가치사슬은 확실한 방안을 제시해 줄 수 있었기 때문이다.

그런데 언젠가부터 조금은 이상한 비즈니스가 나타났다. 투입되는 원가와 기업의 가치가 일정한 비율로 증가하지 않는 기업이 나타나기 시작한 것이다. 기업의 가치는 폭발적으로 증가하는데 비해, 투입되는 원가는 매우 완만하게 증가하거나 혹은 아예 증가하지가 않는다. 더욱이 서비스를 이용하는 고객에게는 금전적 대가를 요구하지도 않고 수익모델 또한 분명하지 않는데 말이다. 이러한 비즈니스가 바로 플랫폼 비즈니스다. 이 플랫폼 비즈니스는 디지털 기술과 데이터로만 구성되어 있으며, 고객이 구매하는 제품 혹은 서비스를 직접 생산하지 않고, 디지털 기술을 활용하여 생산자와 소비자를 단지 연결하여 거래가 발생할 수 있도록 중개하는 것이다. 이러한 이유 때문에 거래량과 기업의 가치는 폭발적으로 증가하는데 비해 원가의 증가는 미비한 것이다. 이러한 것을 "한계비용이 0이 된다"'라고 표현하며, 플랫폼 비즈니스가 폭발적으로 성장할 수 있었던 배경이 되었다.

그림으로 기존 가치사슬을 중심으로 하는 파이프라인 비즈니스와 플랫폼 비즈니스를 비교해보자.

파이프라인 비즈니스와 플랫폼 비즈니스 비교

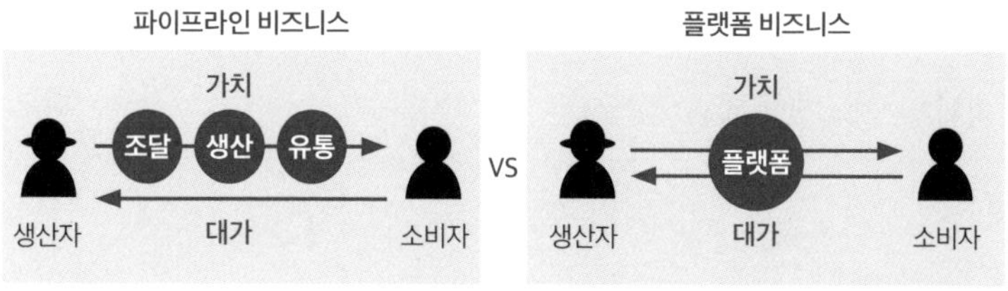

파이프라인 기업은 여러 생산공정을 거쳐 소비자에게 가치를 전달하고 그 대가로 돈을 받는다. 비즈니스의 흐름은 생산자에서 소비자까지 하나의 방향으로만 진행되며, 각 단계별로 분석을 통해 비용을 최적화하여 이윤을 극대화하게 된다. 하지만, 플랫폼 비즈니스에서는 플랫폼을 사이에 두고 생산자와 소비자가 양쪽에 존재하며, 플랫폼을 매개체로 상호작용이 발생한다. 두 비즈니스가 확연히 상이한 패턴을 보이고 있으나 궁극적인 목표는 동일한데, 그것은 고객가치를 만들어 냄으로써 조직이 운영된다는 것이다. 파이프라인 비즈니스는 제품 혹은 서비스를 생산함으로써, 플랫폼 비즈니스는 중개를 함으로써 고객가치를 만들어 낸다. 따라서 각자의 비즈니스에서 가치를 만들어 내는 공정을 잘 관리해야 함은 명확해 보인다.

파이프라인 비즈니스와 플랫폼 비즈니스를 비교 설명할 때 사용되는 또 다른 측면은 경제학 개념에서 '수확체감의 법칙

Diminishing Returns of Scale'과 '수확체증의 법칙Increasing Returns of Scale'을 활용한 개념비교이다.

수확체감의 법칙 및 수확체증의 법칙

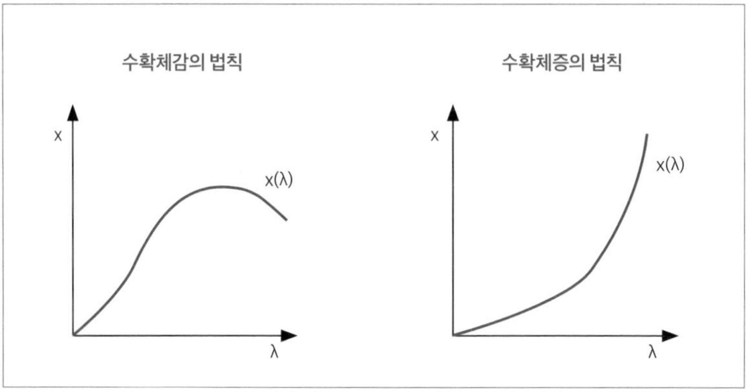

'수확체감의 법칙'은 자본 또는 노동과 같은 생산요소가 한 단위 늘어날 때, 이로 인해 늘어나는 생산량이 오히려 줄어든다는 개념이다. 다시 말해서 생산요소를 추가적으로 계속해서 투입하더라도 생산량은 그에 맞춰서 지속적으로 늘어나는 것이 아니라, 일정 수준까지 생산의 증가량이 올라간 이후에는 오히려 감소한다는 것을 의미한다. 이와는 반대로 '수확체증의 법칙'은 생산요소가 늘어날수록 생산의 증가량이 기하급수적으로 늘어나는 현상을 말한다. 가장 큰 특징은 어느 시점에 이르러서는 추가적으로 투입되는 생산요소는 미비한데 반해 성장이 폭발적으로 증가한다는 점이다. 상기 그림을 보면 그 차이를 확연히 이해할 수 있을 것이다.

파이프라인 비즈니스와 플랫폼 비즈니스를 이야기하다가 갑자기 '수확체감의 법칙'과 '수확체증의 법칙'을 설명한 이유를 아마도 알아차렸을 것이다. 산업혁명 이후 대량생산 체계를 통해 시장에 제품을 제공하던 전통적인 사업방식은 '수확체감의 법칙'이 적용된다. 더 많은 생산을 위해 자원투입을 무한대로 한다면 일정 부분까지는 생산량이 향상되겠지만, 어느 시점이 되면서 생산량이 오히려 줄어들게 된다. 반면에, 플랫폼 비즈니스는 '수확체증에 법칙'이 적용된다. 집약된 디지털 기술을 활용하여 장치산업에 비해 상대적으로 적은 투자를 하였고, 특정 시점을 기점으로 하여 추가적인 투자 없이도 엄청난 가치를 생산하게 된다. 플랫폼 비즈니스 외에도 지식산업, 문화산업 그리고 엔터테인먼트 산업 등이 전형적인 '수확체증의 특성'을 보인다. 그리고 사회적 그리고 문화적으로 발달한 선진국일수록 '수화체증의 법칙'에 가까운 산업이 활발한 것 또한 특징이다.

전통적 기업의 플랫폼 비즈니스 적용 사례분석

새롭게 시장에 출현한 플랫폼 기업들은 기존 파이프라인 기업들의 시장을 다방면에서 위협하고 있다. 2008년에 창업하여 겨우 10여년이 된 에어비앤비는 부동산 하나 없이 90년이 넘은 메리어트 호텔Marriott Hotel의 기업가치를 훌쩍 넘었다. 2009년 창업한 우버는 100년이 넘는 BMW보다 기업가치가 2배가 넘고, 2003년 대학교에서 재미삼아 서비스를 시작한 페이스북은 설립한지 200년 가까이 된 월트 디즈니WALT DISNEY와 비교 자체가 무의미할 정도로 큰 기업이 되었다. 그런데 아이러니하게도 이렇게 빠르게 성장한 플랫폼 기업들은 기존 파이프라인 기업의 고용인원 수와 비교하여 겨우 1/10의 밖에 되지 않는다.

이러한 상황에서 기존 파이프라인 기업들은 어떻게 대응하고 있는지 확인해보자

기존 제조기업의 플랫폼 비즈니스 대응사례

기존 파이프라인 기업의 플랫폼 비즈니스 적용에 있어서 먼저 성공사례부터 확인해보자. 가장 대표적인 성공사례로는 나이키를 들 수 있다. 나이키는 소비자와 보다 직접적인 관계를 높이기 위해 2012년 웨어러블 기기인 퓨얼밴드FuelBand와 함께 NRC Nike Run Club이라는 앱App.을 발표하였다. 이것은 자신의 신발에 센서를 부착하고 운동량을 측정한 후 운동을 즐기는 개인 간 커뮤니티를 통해 서로 네트워킹을 만들어 소통할 수 있도록 하였다. 일반적으로 이러한 제조업이 플랫폼 비즈니스를 시작할 때에는 리스크를 줄이기 위해 기존 기업을 인수하여 수직적 통합Vertical Integration(해당 역할을 수행할 수 있는 기업을 인수하여 계열사로 두는 것으로, 나이키의 경우 앱을 개발하고 운영할 수 있는 IT기업을 계열사로 두는 통합을 의미) 또는 수평적 통합Horizontal Integration(동종업체의 기업을 통합하는 경우)을 하는데, 나이키는 조금 다르게 고객과의 상호작용을 위한 플랫폼을 직접 개발하였고, 의미 있는 성공 사례를 만들었다.

나이키 NRC

자신감을 얻는 나이키는 2019년 말 아마존과의 협력관계를 정리하고 나이키 제품을 아마존에서 판매하지 않겠다고 선언하였다. 그리고 2020년 D2CDirect to Customer라는 전략으로 고객과 자체 채널을 통해 직접적인 관계를 확대하는 방안을 발표하였다. 사실 D2C는 생존을 위한 어쩔 수 없는 선택이었다. 지속적으로 고성장을 하던 나이키는 2016년 5%로 성장률이 낮아지고, 2017년에는 시장점유율이 하락하고 매출성장 또한 정체됨에 따라 주가는 폭락하게 되었다. 새로운 변화가 없이는 생존할 수 없다는 위기감을 느낀 나이키는 안정적인 기존 유통망인 아마존과 작별하고, D2C를 선언한 것이다. 이를 통해 수익을 극대화하고 소비자에게는 편익을 높이겠다는 전략이다. 사실 이 전략은 나이키로서는 매우 큰 변화였다. 왜냐하면 기존에는 제조업이던 나이키가 도매Wholesale를 줄이고 직접 온라인 판매를 함으로써 제조업과 함께 유통업을 하겠다는 것을 의미하기 때문이다. 하지만 우려와는 다르게 전략은 큰 성공을 거두어 2019년 회계기준 319억 달러 매출을 올리며 스포츠웨어 업계 1위를 차지하였다. 이와 관련하여 나이키 CEO인 마크 파커Mark Parker는 이렇게 이야기하였다. "지금처럼 고객들이 막강한 파워를 가진 적이 없었다. 디지털 기술은 고객을 더 잘 이해하고 대응할 수 있게 하였고, 결국 이를 통해 고객의 인생가치Life Time Value를 높일 수 있었다"라고 말이다.

이러한 노력은 비단 나이키만의 사례는 아니다. 스포츠 브랜드인 언더 아머Under Armour는 2013년 말 맵마이피트니스MapMyFitness 라는 건강관리 플랫폼을 인수하여, 피트니스 관련한 생태계를 구축하여 고객과 직접적인 네트워크를 만들고자 하였다. GE General Electric 그리고 지멘스와 같은 기업들은 제품에 사물인터넷 IoT: Internet of Things을 연결하거나 헬스케어 분야에서 고객과 직접적인 관계를 위한 방안을 확대하고 있다.

하지만, 이러한 시도들이 늘 성공하는 것은 아니다. 대표적인 실패사례로는 델 마켓플레이스Dell Marketplace가 있다. 델 마켓플레이스Dell Marketplace는 B2BBusiness to Business 중심의 오픈마켓Open Market 으로, 사무용품 및 컴퓨터 그리고 관련 하드웨어 공급업체와 고객 사이를 연결시켜주는 플랫폼이었다. 나이키의 D2C 전략과 동일하게 델Dell의 유통 전략에 해당된다고 볼 수 있다. 하지만, 플랫폼을 오픈한지 단지 4개월만인 2001년 2월에 조용히 사업을 정리하였다. 오픈 후 4개월이 지나는 동안 단지 2M, 모토롤라, 피트니 바우즈Pitney Bowes Inc.의 세 개 공급업체만이 참여함으로써 유명무실한 플랫폼이 되었기 때문이다. 이러한 실패원인은 플랫폼에 대한 이해가 없는 제조업체가 사전 준비도 없이 사업에 뛰어들어 실패한 대표적인 사례라고 할 수 있다. 앞에서 언급했듯이 수직적 통합을 하던지 아니면 수평적 통합을 통해 유통업에 뛰어들었다면, 어쩌면 결과가 달라질 수 있었다.

국내기업의 상황은 어떠할까? 앞에서 통제형 생태계를 설명하면서 언급한 현대자동차의 디벨로퍼스가 대표적인 사례이다. 현대자동차는 2019년 말 현대 디벨로퍼스Hyundai Developers를 출범시켰으며, 이를 통해 고객에게는 보다 고도화된 차량 서비스를 경험할 수 있도록 하고, 업체에게는 상품을 만들어 돈을 벌 수 있는 생태계를 만들었다. 물론 데이터의 소유권은 고객에게 있으며 고객이 동의를 하는 경우에만 데이터를 업체에게 제공한다. 이를 바탕으로 2020년 4월에는 기아 디벨로퍼스Kia Developers, 2020년 5월에는 제네시스 디벨로퍼스Genesis Developers, 그리고 2022년에는 현대/기아/제네시스 디벨로퍼스 1.5 리뉴얼을 제공하였다. 현대자동차의 이러한 노력은 국내 기존 제조업체의 경우와 비교했을 때 상당히 도전적이며 플랫폼 비즈니스에 꽤 공을 들이고 있다고 볼 수 있다. 이러한 시도의 결과가 어떠할지에 대해서는 좀 더 지켜봐야 할 것으로 보이나, 자동차라는 디바이스를 통해 생태계ecosystem를 만들고자 노력은 높게 평가받을 만하다.

기존 유통기업의 플랫폼 비즈니스 대응사례

플랫폼으로 인해 가장 큰 변화를 겪은 산업 중 하나가 바로 유통업이다. 기존에는 상품을 구매할 때 항상 오프라인 매장에서 직접 상품을 확인하고 입어보고 또는 만져보며 구매를 했지만, 지금은 많은 소비자들이 컴퓨터 모니터 또는 휴대폰을 보며 상품을 구매한다. 초창기에는 전자제품, 도서와 같은 정형화된 상품만을 구매했다면, 지금은 신선식품, 의류 등 이전에는 생각지도 않은 상품들까지도 구매하고 있다. 이렇게 온라인 쇼핑몰 업체의 폭발적 성장은 기존 오프라인 매장 중심의 유통업체들을 이커머스e-Commerce 시장에 강제로 인입시키는 역할을 하였다. 그럼 강제로 끌려들어온 기존 유통업체는 어떻게 대응을 하고 있을까? 해외와 국내 사례를 비교해서 보고자 한다.

먼저 미국 유통업계의 절대강자인 월마트Walmart 사례이다. 월마트는 1962년 아칸소주State of Arkansas의 작은 잡화점에서 시작하여 미국 식료품 판매의 약 20%를 장악하고 종업원 수는 190만 명에 이르는, 세계에서 가장 많은 근로자를 고용한 회사로 성장하였다. 하지만 아마존이 등장하면서 상황은 조금씩 바뀌었다. 아마존은 연간 3~40%씩 성장을 하면서 2022년에는 월마트의 매출을 추월할 정도로 기하급수적으로 성장을 하였다. 순이익에서는 아마존이 2018년 처음 월마트를 추월한 이후, 21년에는 아마존이 334억 달러, 월마트는 135억 달러에 이르면서 3년만에 약 3배에 가깝게 순이익 차이가 발생하였다.

연도별 월마트 vs 아마존 순이익 추이

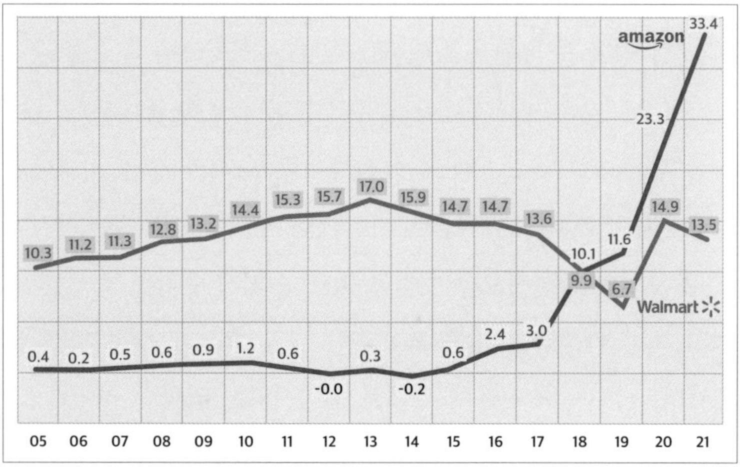

Graph by Happist

하지만, 월마트는 플랫폼 비즈니스에 발빠르게 대응한 모범사례로 꼽힌다. 월마트는 오랜 기간 그들이 이루어 놓은 성과에 안주할 수 있었던 상황이었지만 과감한 변화를 택했다. 2016년 이커머스 스타트업인 제트닷컴Jet.com 인수를 시작으로, 2017년에는 여성의류 브랜드인 모드클로스Modcloth와 남성복 브랜드 보노보스Bonobos를, 신발 전문 쇼핑몰인 슈바이Shoebuy, 아웃도어 브랜드 전문 쇼핑몰인 무스조Moosejaw 등의 온라인 패션몰을 인수하였다. 2018년에는 이커머스 플랫폼인 플립카트Flipkart를 잇따라 인수하였다. 이러한 공격적인 투자를 바탕으로 2020년 4분기에는 이커머스 매출을 전년 대비하여 약 70%나 향상시켰다.

월마트의 플랫폼 사업전략의 초점은 오프라인 매장과 새롭게 인수한 온라인 업체와의 연계를 통한 옴니채널Omni Channel 전략으로, 기존 오프라인 매장을 최대한 활용하는 방식이다. 급변하는 기술과 시대적 트렌드를 기존 내부 구성원을 활용하기보다는 외부 전문 기업을 인수를 통해 해결한 것이다.

옴니채널의 대표적인 예로는 소비자가 온라인에서 주문 후 전 세계 6,100여개 지점의 오프라인 매장에서 픽업하는 클릭 앤 콜렉트Click-and-Collect서비스, 다른 말로는 BOPISBuy Online Pick-up In Store 라고 하는데, 월마트가 부활할 수 있었던 결정적 이유로 평가받고 있다. 참고로, 옴니채널이란 소비자가 오프라인뿐만 아니라 온라인을 통해 상품을 검색 및 구매할 수 있도록 하는 서비스를 말하며, 어떤 경로를 통해 구매를 하든 같은 매장을 이용하는 것처럼 느낄 수 있도록 쇼핑환경을 제공해주는 것을 의미한다.

국내 유통시장의 강자 롯데 또한 클릭 앤 콜렉트 서비스를 2014년에 처음 도입하여 옴니채널을 구축하였다. 롯데백화점, 롯데마트 그리고 롯데슈퍼에서는 드라이브 스루Drive Thru가 가능할 뿐만 아니라 익일배송, 당일배송 서비스도 도입하였다. 누구보다도 선제적으로 이커머스 시장에 뛰어들었음에도 불구하고, 안타깝게도 아직까지 별다른 효과는 거두고 있지 못하고 있는 상황이다. 결국 롯데는 구조조정을 진행하여 전체 700여개 점포 중 2020년에는 백화점, 롯데마트 그리고 롯데슈퍼 등 99개의 점포를, 2021년에는 롯데슈퍼, 롭스 등 100여개 점포를 폐점시켰다. 인력도 2019년 말 2만 5298명이 였던 롯데쇼핑 직원은 2020년에는 2천5백여명을, 2021년에는 1천7백여명을 희망 퇴직시켰다. 구조조정을 본격적으로 진행하기 시작했던 2020년 4월, 롯데는 7개 유통 계열사(백화점, 마트, 슈퍼, 롭스, 하이마트, 홈쇼핑, 닷컴)를 통합하여 '롯데ON'을 출범시켰다. 하지만, 지난 2년여간의 구조조정이 보여주듯 새로 통합된 롯데ON은 크게 시너지 효과를 보지 못하고 있다. 반면에 같은 시기에 월마트는 밀려드는 주문을 감당하지 못하여 15만명을 신규 고용하였다.

롯데와 월마트의 사례에서 두 기업 모두 발빠르게 플랫폼 비즈니스를 준비하였는데 결과에는 큰 차이가 있었다. 그 차이는 무엇일까? 우선 가장 큰 차이점은 월마트의 경우 외부 플랫폼 기업의 인수를 통해 사업을 확장하는 방식을 선택하였다. 자신들은 본인들이 잘할 수 있는 오프라인 유통부분을 담당하고, 다소 생소한 영역인 이커머스는 M&A인수합병Mergers & Acquisitions를 통해 옴니채널을 구축한 것이다. 하지만, 롯데는 M&A보다는 IT 자회사를 통해 시스템 구축에 집중하였다. 이것이 의미하는 것은 이커머스 사업에 경험이 상대적으로 부족한 자사 IT인력을 활용함으로써, 이커머스 시장에서 살아남기 위한 '생존전략' 중심으로 사업을 진행했다기보다는, 이커머스 서비스를 위한 '시스템 구축'에 중심을 두고 사업을 진행했다고 볼 수 있다.

협업방식에도 차이가 있었는데, 월마트는 단일 리더십을 기반으로 통합된 여러 기업을 관리하였지만, 롯데의 경우 백화점, 마트, 슈퍼, 하이마트 등 각각 독립된 CEO가 운영함으로써 여러 기업이 협의하는데 너무나 많은 자원을 소모하였다. 사실 말이 협의이지 이렇게 조직별로 각각의 CEO가 존재하면 서로 간 이익 때문에 올바른 협의 자체가 힘들다는 것은 누구나 예상할 수 있을 것이다. 설사 협의를 한다고 하더라도 상당히 많은 시간이 소요되기 때문에 시장에서 실기할 가능성이 매우 높다.

물론, 월마트의 방식은 옳고, 롯데 방식은 무조건 틀리다고 말하고 싶지는 않다. 단지 현재까지의 사업성과만을 보고, 옳고 그름을 판단할 수는 없다고 본다. 누가 또 아는가? 롯데가 그동안의 뼈를 깎는 구조조정을 통해 조직의 경쟁력을 확보하고, 이커머스 시장에서 혁신적인 기업이 될지 아무도 모르는 것이다.

필자가 말하고 싶은 것은, 현재까지의 플랫폼 비즈니스 전략에서 볼 때 롯데의 선택에는 다소 아쉬움이 있다는 것을 말하고 싶다.

기존 파이프라인 기업의 플랫폼 비즈니스로의 전환

기존 전통적 기업인 파이프라인 기업이 플랫폼 비즈니스로 어떻게 전환할 수 있을까? 보다 정확히 표현하자면 '어떻게 접목할 수 있을까?'가 맞는 표현일 것이다.

시중의 많은 플랫폼 도서를 보면 '전환'이라는 말을 쉽게 하는데, 필자 개인적인 생각으로는 '전환'은 사실상 불가능하다고 확신한다. 어떤 기업이 오랜 기간동안 잘 해오던 기존 비즈니스를 어떻게 한 번에 전환할 수 있단 말인가? 그런 변화관리가 가능하단 말인가? 불가능하다. 따라서 '전환'이라는 표현보다는 '접목'이라는 표현이 보다 현실적인 것이라 생각한다. '이제까지 잘해오던 일을 플랫폼이라는 새로운 비즈니스 개념을 덧붙여 더 잘해보자'라고 표현해야 한다.

앞에서 살펴본 나이키, 월마트 사례가 바로 그러한 경우이다. 그들이 이미 잘해오던 제조 그리고 유통분야에서 기존 인프라와 인사이트Insight를 기반으로 새로운 비즈니스를 접목하는 것이다. 플랫폼 비즈니스는 하나의 '전략'이지 '목표'가 될 수 없다. '전환'이라는 단어를 강조하는 것에는 기본적으로 플랫폼 비즈니스가 파이프라인 비즈니스보다 더 훌륭한 사업모델이라는 사고가 내포되어 있다고 본다.

다시 한번 말하지만, 플랫폼은 비즈니스 유형 중 하나일 뿐 파이프라인 비즈니스보다 더 훌륭하기 때문에 반드시 해야 하는 것은 아니다.

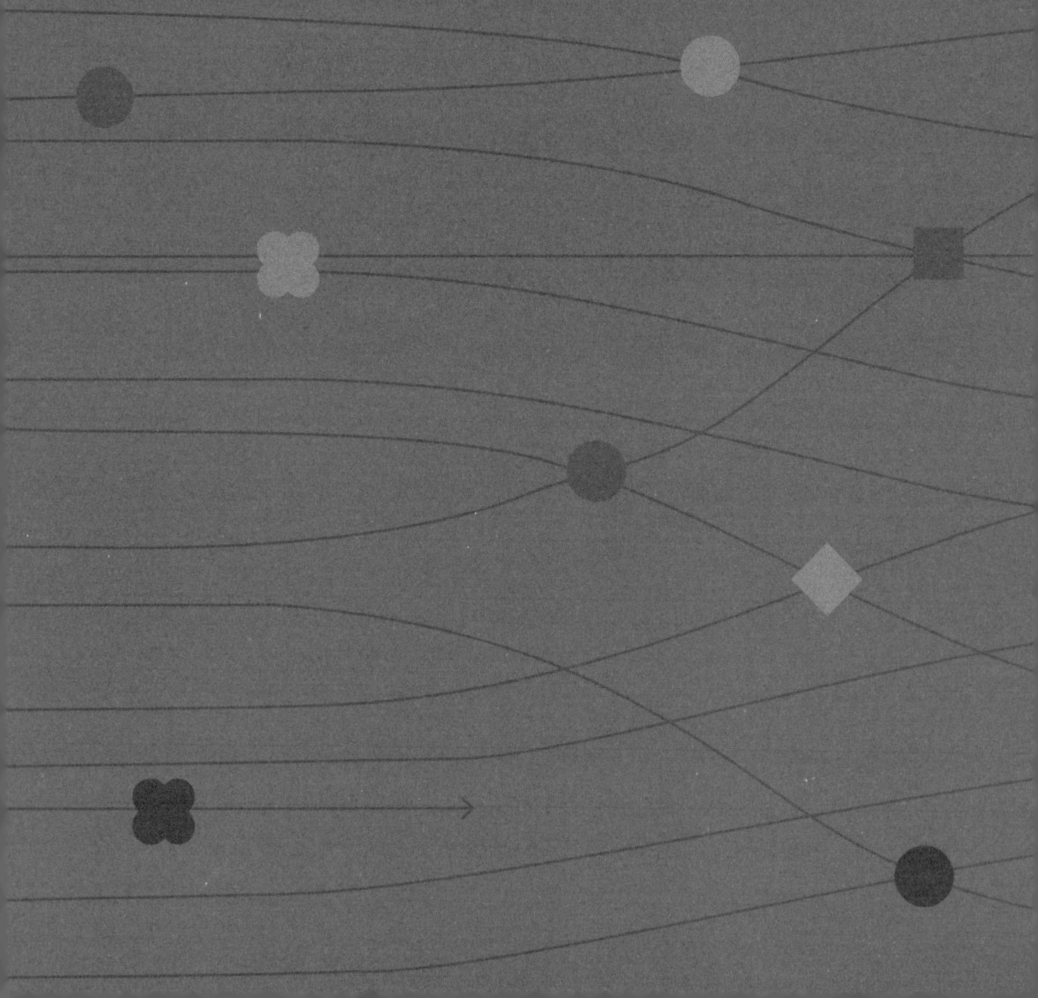

Ⅱ

플랫폼 비즈니스의 특징과 성공요소

Chapter 1

디지털 플랫폼 비즈니스의 특징

우리는 이전 장에서 플랫폼에 대한 기본적인 개념에 대해 살펴보았다. 플랫폼을 통해 공급자 집단과 구매자 집단 간에 거래의 번거로움을 줄여 줌으로써 비즈니스의 가치를 만들어 간다는 것에 대해 어느정도 이해했을 것이라 생각된다. 지금부터 본격적으로 플랫폼이라는 것이 구체적으로 무엇인지 그리고 어떠한 특징이 있는지 상세히 살펴보고자 한다.

우리는 비즈니스 모델Business Model이라는 단어를 흔하게 사용한다. 비즈니스 모델이란 쉽게 표현하자면 말 그대로 '돈을 어떻게 벌 것인가?', 즉 돈 버는 메커니즘Mechanism을 정의하는 것이라 할 수 있다. 이런 메커니즘을 전개하기 위해서는 필수 구성요소들을 모아 놓고 각각의 구성요소들이 상호작용할 수 있도록 모델화 시키는 것이 중요하다. 여기서 언급한 구성요소란 상품, 유통채널, 고객, 파트너, 조직, 프로세스 인력

자원, 역량 등을 의미한다. 따라서 '플랫폼 비즈니스 모델'이라는 것은 플랫폼을 기반으로 관련된 여러 구성요소를 연결시켜 놓은 비즈니스 모델의 한 종류라고 말할 수 있을 것이다.

이러한 플랫폼 비즈니스 모델의 특징은 생태계라는 활동공간 안에서 각 참여자가 자신만의 활동을 통해 공유가치를 만들어 냄으로써 플랫폼 비즈니스가 운영된다는 것이다.

플랫폼 비즈니스 모델 특징

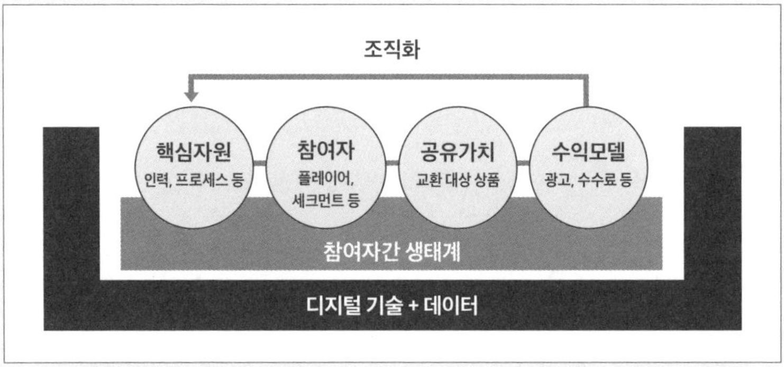

플랫폼 비즈니스 모델은 기본적으로 디지털 기술과 이를 통해 생성되는 데이터를 기반으로 한다. 디지털 기술이 없이 플랫폼 사업은 불가능하다고 볼 수 있다. 데이터는 고객정보, 거래정보, 상품정보 등도 있지만, 고객의 상품평 그리고 SNS 상의 간단한 문장들, 그리고 고객의 활동을 확인할 수 있는 로그데이터Log Data 또한 데이터가 될 수 있다. 생태계에서는 데이터를 활용하여 플랫폼 활동의 주체인 참여자가 각자의 가치를 실현하게 되며, 이러한 생태계는 일종의 '논리적 공간' 또는 '활동의 장'이라고 표현될 수 있다. 사업의 유형(B2B, B2C)에 따라 생태계의 형태가 다소 차이가 있지만, 참여자가 활동하는 공간이라는 개념은 동일하다.

이러한 환경하에서 플랫폼 비즈니스 모델의 핵심개념이라고 할 수 있는 '핵심자원', '참여자', '공유가치' 그리고 '수익모델'은 각각의 고유한 역할을 수행하게 된다. 그럼 각각의 개념에 대해 살펴보자. 우선, '핵심자원'은 플랫폼을 운영하는데 필요한 모든 자원을 의미하며, 예를 들어 플랫폼을 개발하는 프로그램 개발자, 운영자와 같은 인력뿐만 아니라 프로세스, 소프트웨어와 같은 가상의 자원, 사무실 또는 컴퓨터 등과 같은 물리적 자원도 이에 해당된다.

'참여자'는 플레이어Player를 말하는데 플랫폼을 이끌어가는 주체에 해당된다. 오픈마켓이라면 제품을 만들어 올리는 생산자와 제품을 구매하는 소비자가 플레이어에 해당된다. 우버 및 에어비앤비와 같은 공유 플랫폼이라면 차량 또는 숙소를 보유하는 개인과 이를 이용하려는 사람이, 소셜 미디어와 같은 플랫폼이라면 컨텐츠를 올리는 사람(크리에이터Creator)과 해당 글을 읽고 댓글을 올리는 사람(구독자Reader)이 플레이어에 해당된다.

'공유가치'는 플레이어가 각자의 활동을 통해 얻게 되는 가치 즉 이익에 해당되며, 플랫폼에서 활동을 하는 이유이기도 하다. 오픈마켓에서 생산자는 돈을 벌게 되고 소비자는 원하는 제품을 얻게 됨으로써 자신의 목적을 달성하게 된다. 우버에서는 차량을 소유한 사람은 차를 사용하지 않는 시간에 돈을 벌게 되고, 차량을 이용하는 사람은 상대적으로 적은 금액으로 원하는 장소에 편하게 이동할 수 있는데, 바로 이러한 것들이 공유가치에 해당된다.

마지막으로 '수익모델'은 플랫폼을 운영하는데 필요한 비용을 벌어들이는 방법에 해당된다. 대표적인 방법이 수수료에 해당되는데 오픈마켓에서 판매되는 제품의 일정 부분을 수수료로 책정하든지, 배달앱[App.]에서 주문정보를 받는 조건으로 가맹비를 받는 것이 대표적인 수익모델에 해당된다.

플랫폼 비즈니스의 이해

우리는 앞 장에서 전통적인 파이프라인 기업에서 가치를 창출하기 위해 사용되는 가장 보편적인 전략 방법론이라고 할 수 있는 가치사슬에 대해 살펴보았다. 가치사슬은 어떤 기업이 제품 또는 서비스를 소비자에게 전달하기 위한 공정과정에서 어떻게 하면 좋은 제품을 만들어 낼 수 있을까에 대해 정의하는 방법론이라고 설명하였다. 그 활동으로는 본원적 활동Primary Activities(구매, 물류, 생산, 마케팅, 영업 등)과 지원활동Support Activities(인적자원 관리, 기술개발, 회계 등)으로 구분되며, 본원적 활동은 실제 가치를 만들어내고 고객에게 전달되는 과정에 대한 것이고, 지원활동은 본원적 활동이 잘 진행될 수 있도록 지원해주는 역할이라고 하였다.

지금부터는 이러한 전통적 파이프라인 비즈니스와 반대되는 개념인 플랫폼 비즈니스에 대해 비교를 통해 상세히 알아보자.

단면시장과 양면시장

기존 파이프라인 비즈니스와 플랫폼 비즈니스를 비교하여 설명할 때, 일반적으로 시장Market 개념을 활용하여 설명을 한다. 바로 단면시장One Sided Market과 양면시장Two Sided Market이 이에 해당되는데, 우선 단면시장이란 생산라인을 통해 만들어진 상품을 소비자에게 판매하고, 소비자는 생산자로부터 상품을 구매하는 역할을 하는 시장을 말한다. 상품의 이동이 생산자에서 소비자로 한 방향으로 흐른다고 하고 선형적 비즈니스Linear Business라고도 표현한다. 하지만 플랫폼 비즈니스에서는 플랫폼을 가운데 두고 양방향에 시장이 존재한다. 즉, 플랫폼 관점에서 보면 왼쪽에는 생산자가, 오른쪽에는 소비자가 존재하는 것이다. 물론 왼쪽에는 생

단면시장과 양면시장 비교

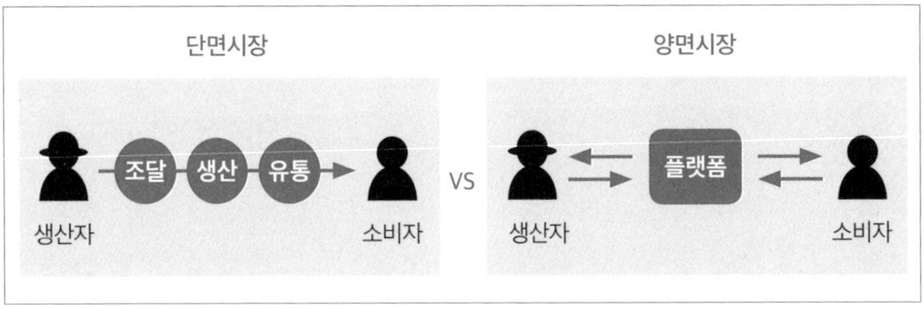

산자가 그리고 오른쪽에는 소비자로만 구성되는 것은 아니다. 상호작용을 통해 언제든지 서로 역할을 바꾸며 각자가 원하는 가치를 실현할 수 있다.

일부 전문가는 양면시장을 다면시장Multi-sided Market이라고 표현하기도 한다. 다면시장의 의미는 플랫폼에 참여하는 고객집단이 3개 이상인 경우를 말하는데, 이 또한 플랫폼을 매개로 생산자 집단과 소비자 집단으로 구분할 수 있기 때문에 의미상 큰 차이는 없다고 볼 수 있다.

플랫폼 비즈니스에서의 네트워크 사슬

비즈니스 모델을 설계하는 과정에서 파이프라인 기업의 경우에는 상대적으로 단순한 경향이 있다. 비즈니스 모델 자체가 단순하다기보다는 제품을 생산하는 프로세스 그리고 그 프로세스상 필요한 요소들의 틀Frame이 이미 어느 정도는 정형화되어 정리되어 있기 때문이다. 하지만, 플랫폼 비즈니스에서의 가치를 창출하는 과정은 상당히 복잡하다. 가장 큰 이유는 무엇보다 자원을 투입하고 산출하는 프로세스가 파이프라인 기업과 비교하여 선형적인 흐름이 아닌 양방향으로 흐르고 있으며, 가치를 창출하는 방식이 명확히 정해진 것이 없기 때문이다. 관련하여 앞에서 살펴봤던 그림을 다시 보며 두 비즈니스의 차이를 생각해 보자.

파이프라인 비즈니스와 플랫폼 비즈니스 비교

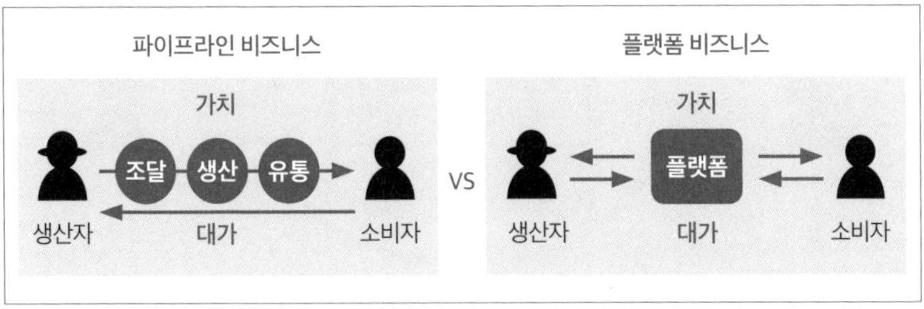

파이프라인 비즈니스는 생산자에서 소비자까지 하나의 방향으로 원자재를 조달하고 제품을 생산한 후 유통과정을 통해 소비자에게 전달되며, 그 대가로 소비자는 생산자에게 돈을 지불하게 되는 선형적 프로세스이다. 반면에 플랫폼 비즈니스는 플랫폼을 중심으로 가치를 만들어내는 프로세스가 각각 별개로 움직인다. 다시 말하자면 각각의 참여자Player는 각자의 프로세스를 갖고 이를 통해 각자의 가치Value를 만들며, 그러한 다양한 프로세스와 가치들은 플랫폼을 통해서 상호 연계된다. 결국 플랫폼 비즈니스에서 참여자들을 서로 연계해주는 '네트워크'가 최고의 가치가 되는 것이다. 그럼 파이프라인 기업에서의 '가치사슬'을 플랫폼 기업에서는 무엇으로 표현할 수 있을까? 그것은 바로 '네트워크 사슬Network Chain'이라고 할 수 있으며, 도식화하면 다음과 같다.

플랫폼 비즈니스의 네트워크 사슬

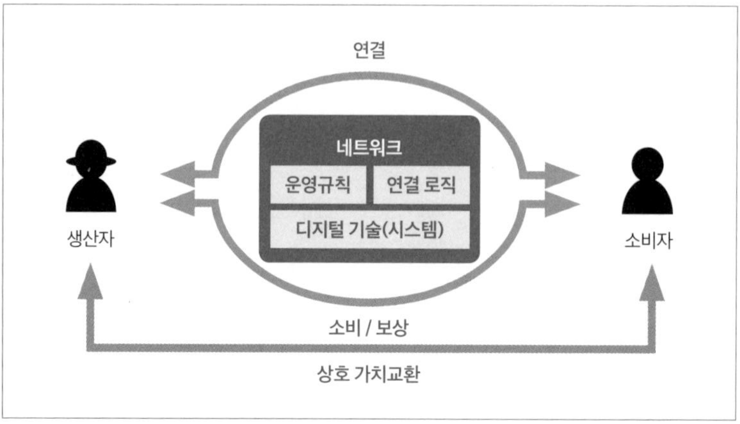

'네트워크 사슬'의 기본은 참여자Player 간에 가치교환을 보다 쉽게 해주는 것에 초점이 맞추어져 있다. 플랫폼은 디지털 기술을 기반으로 구축된 일종의 시스템으로, 이 시스템은 각각의 참여자가 플랫폼 안에서 활동하는 규칙Rule에 바탕을 두고 구축된다. 또한 네트워크 효과가 발생할 수 있도록 참여자 간 연결로직을 적용하며, 이를 기반으로 참여자들은 자신의 가치를 획득하기 위한 거래를 하게 된다. 결국 서로의 가치를 얻게 되는 '가치의 상호작용'이 발생되는 것이다. 물론, 생산자가 만약 제품을 생산하는 제조기업이라면 해당 제품을 생산하는 과정에서만큼은 '네트워크 가치'가 아닌 '가치사슬'을 적용하여 제품을 생산하게 된다. 왜냐하면 제품의 생산과정은 효율성을 고려한 선형적인 프로세스 관리가 필요하기 때문이다. 하지만, 생산자와 소비자 간 거래를 중심으로 하는 플랫폼 비즈니스에서는 생산자와 소비자 간 연계가 중요하기 때문에 '가치사슬'이 아닌 '네트워크 사슬'이 중요한 것이다.

이러한 네트워크 사슬을 보다 쉽게 이해하기 위해 우리에게 익숙한 쿠팡, 11번가, 아마존과 같은 오픈마켓 예를 들어 살펴보자. 판매자는 판매하고자 하는 상품에 대해 상세한 설명과 함께 사진을 찍어서 플랫폼에 올린다. 구매자는 구매를 원하는 상품을 메뉴 또는 검색을 통해서 찾고, 다른 상품과 비교한 후 가장 마음에 드는 제품을 구매한다. 이 과정에서 결제대행업체와 택배업체가 자동 연계되어 결제와 물류 문제를 해결한다. 구매자는 자신이 구입한 상품을 사용해본 후 상품평과 만족도를 플랫폼에 등록한다. 또 다른 구매자가 동일한 방법으로 해당 제품을 구매하고자 할 때, 기존에 등록된 상품평과 만족도를 확인한 후 구매여부를 결정한다. 이러한 구매과정은 이제 우리에게 너무나 익숙한 과정인데, 이것을 '네트워크 사슬' 관점에서 '참여자', '활동', '가치' 그리고 '네트워크 환경(디지털 기술, 운영규칙, 연결로직)'을 중심으로 도식화하여 생각해 보자.

우선 오픈마켓 네트워크상에서의 '참여자'는 판매자와 구매자가 된다. 판매자의 '활동'은 제품에 대한 상세한 설명과 사진을 플랫폼에 올리는 행위이며, 소비자의 '활동'은 제품을 검색하고 상

오픈마켓의 네트워크 사슬

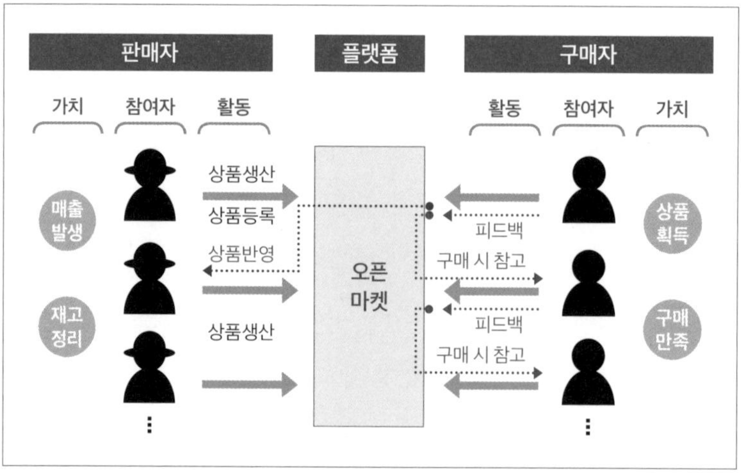

품평을 올리는 행위일 것이다. 이를 통해 판매자는 매출이 발생하여 이윤이라는 '가치'를, 구매자는 자신이 원하던 제품을 획득하게 되는 '가치'를 얻게 된다. 거래가 이루어지기까지의 과정에서도 다소 차이가 있다. 파이프라인 비즈니스는 제품의 생산에서 소비까지 선형적인 흐름인 반면, 플랫폼 비즈니스에서는 매우 복잡한 흐름을 갖는다. 예를 들어 구매자의 상품평과 만족도는 다른 구매자의 상품선택에 실시간으로 영향을 준다. 유명 연예인을 출연시킨 광고보다 오히려 짧은 상품평이 더 높은 신뢰가 생긴다. 그 이유는 광고는 제조업체가 제품의 장점을 설명하고 고객에게 비치는 이미지를 만들기 위해 유명 연예인을 섭외하여 고객에게 일방적으로 전달하는 방식(선형적 방식)인 반면에, 구매자의 상품평과 만족도는 객관적인 입장에서 제품에 대한 품질을 평가하는 것이기 때문이다. 결국 이러한 활동들은 다른 구매자의 구매활동에 영향(상호작용 방식)을 미치게 되면서 판매자와 구매자 간에 상호작용이 일어나게 된다. 이러한 모든 과정은 디지털 기술을 활용하여 판매자와 구매자가 상호작용을 할 수 있는 환경(시스템)을 제공해준다. 만약 판매자가 허위매물을 올리거나 잘못된 정보를 제공하고, 또는 구매자가 악의적 활동을 한다면, '운영규칙'을 위반한 경우에 해당하므로 플랫폼 운영자에 의해 퇴출을 당하게 된다. 이렇게 '참여자'가 플랫폼 안에서 '활동'을 통해 스스로 '가치'를 만들어 내는 전반적인 과정을 바로 '네트워크 사슬'이라고 한다.

그럼 판매자와 구매자의 '연결 로직'은 무엇일까? 연결 로직이라고 표현을 하니 다소 어렵게 느껴질 수 있지만, 쉽게 표현하면 구매자가 원하는 제품을 어떻게 쉽게 찾게 해줄 것인가에 대한 고민이라고 할 수 있다. 연결 로직의 대표적인 방법은 메뉴, 검색 그리고 상품추천이다. 메뉴는 누구나 이해할 수 있는 계층적인 구조Hierarchical Structure로 구성되어 쉽게 상품을 찾아볼 수 있게 한다. 검색은 구매자가 원하는 상품을 정확히 아는 경우 빠르게 찾을 수 있도록 한다. 최근에는 상품추천이 매우 중요한 기술로 떠오르고 있는데, 구매자가 검색한 상품과 유사한 상품을 자동으로 추천하거나 혹은 이전에 구매했던 상품과 관련이 있는 상품을 자동으로 추천해주는 알고리즘Algorithm을 통해 판매자와 구매자를 연결해준다. 우리가 유튜브를 사용하다 보면 관심이 있는 동영상들이 끊임없이 올라와서 시간 가는 줄 모르고 시청했던 경험이 있었을 것이다. 바로 이러한 것이 참여자 간에 상호작용이 발생할 수 있도록 해주는 '연계 로직'이다. 결국 이러한 네트워크 환경(디지털 기술, 운영규칙, 연결 로직)을 통해 참여자(판매자, 구매자)가 연결되어 소비와 보상이 동시에 일어나며, 결국 양방향으로 가치교환이 발생하는 것이다.

플랫폼의 유형 및 사례

플랫폼에는 어떤 종류가 있는지 살펴보고자 한다. 플랫폼의 종류는 거래단위, 목적, 네트워크 방식 등을 고려하여 구분을 하며, 실제 그 유형은 전문가마다 상이하다. 필자의 경우에는 양면시장에서의 활동주체 그리고 이들 간 상호작용을 통해 발생되는 가치를 기준으로 구분하였으며, 1)마켓형, 2)소셜미디어형, 3)공유형, 4)구독형이 이에 해당된다.

먼저, 마켓형 플랫폼은 실제 거래가 발생하여 판매자의 상품과 구매자의 돈이 오가는 플랫폼을 말한다. 플랫폼 비즈니스에서 가장 대표적인 사례에 해당하며 우리에게도 친숙한 사업모델이다. 소셜 미디어형 플랫폼은 실제 거래가 발생하기보다는 사람들 간 정보를 주고받으며 네트워크를 만들어가는 플랫폼을 말하며, 공유형 플랫폼은 개인이 보유한 자산을 매개체로 하여 실제 거래가 발생하는 플랫폼을 말한다. 마지막으로 구독형 플랫폼은 기업 간 혹은 기업과 개인 간 상품판매가 아닌 서비스를 제공함으로써 가치를 만들어내는 플랫폼을 의미한다. 그럼 각 플랫폼에 대해 상세히 살펴보자

플랫폼 비즈니스의 4가지 유형

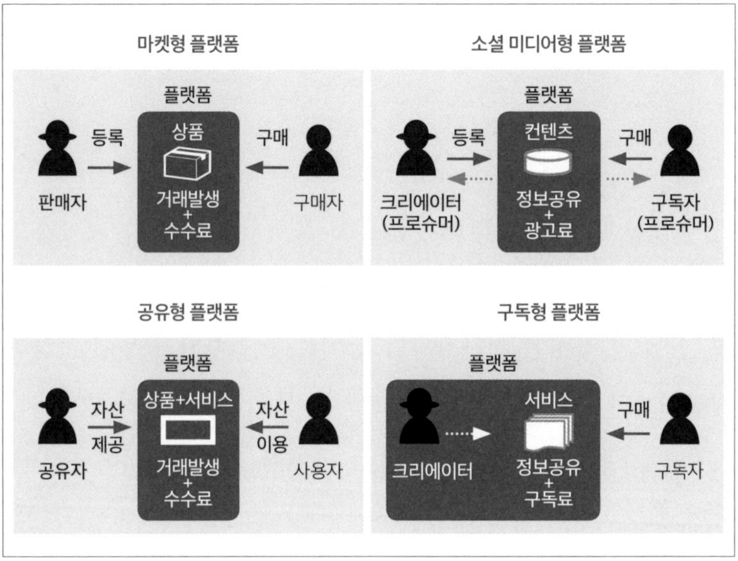

1) 마켓형 플랫폼

마켓형 플랫폼은 설명한 바와 같이, 상품의 판매자와 구매자 간 중개를 통해 거래가 발생하는 구조의 플랫폼을 의미한다. 아

마도 우리에게 가장 익숙한 플랫폼 비즈니스라고 할 수 있으며, 판매자와 구매자 간 거래를 통한 가치창출이 핵심이다. 따라서 마켓형 플랫폼에서는 소비자가 원하는 상품을 수많은 상품 중 빠르고 쉽게 찾아주어 중개해주는 것이 가장 중요하다. 빠르고 쉽게 찾지 못한다면, 고객은 원하는 상품이 없다고 생각하고 플랫폼에 다시는 참여하지 않기 때문이다.

마켓형 플랫폼 비즈니스 모델

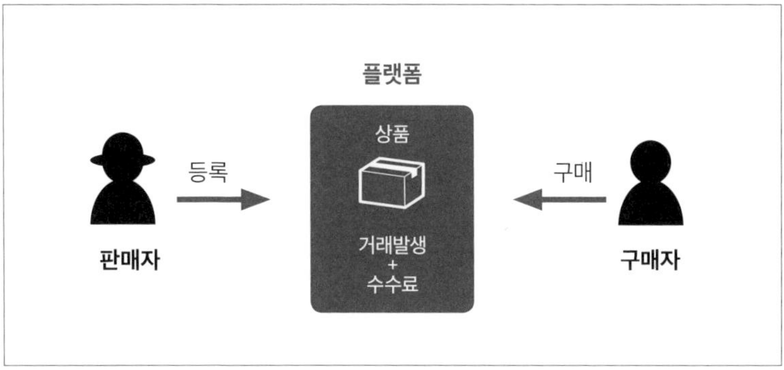

플랫폼에서의 활동주체는 판매자와 구매자가 있으며, 플랫폼은 두 활동주체 간 거래가 발생할 수 있도록 공간을 제공해준다. 대표적인 사례는 쿠팡, 아마존, 이베이, 롯데온, 홈쇼핑, 앱스토어, 클라우드 서비스 등 너무나 많고, 이제는 우리 생활의 일부분이 되어서 굳이 설명이 필요 없을 정도이다.

마켓형 플랫폼 사례

이러한 플랫폼은 전통시장과 같은 물리적 공간에서 출발하여 현대의 디지털 플랫폼 기반으로 정착되었으며, 그 출발점은 1995년 이베이에 의해 오픈마켓이라는 개념으로 시작되었다고 할 수 있다. 이베이의 성공에는 오픈마켓 거래를 위한 IT인프라, 검색, 결제, 인증 등의 디지털 기술발전이 결정적인 역할을 하였다. 최근에는 판매자와 구매자를 단순히 중개해주는 역할을 넘어, 직접 유통의 주체 그리고 제조의 주체 역할까지 수행하고 있다. 예를 들어 아마존은 프라임 서비스를 통해 대상 상품과 지역을 구분하며 익일배송, 당일배송, 즉시배송 등의 방식으로 유통까지 책임지고 있다. 쿠팡의 로켓배송도 이러한 사례를 적용한 것이다. 또한 기존 유통업체인 이마트는 제조영역까지 진출하였으며 우리가 잘 알고 있는 노브랜드No Brand라는 PBPrivate Brand상품으로 판매하고 있다.

이러한 유형의 비즈니스 경우 플랫폼 사업자는 어떠한 수익구조를 갖는 것일까? 그것은 바로 '수수료'이다. 물론 광고료도 발생할 수 있으나, 기본적인 수익구조는 수수료라고 할 수 있다. 수수료는 상품을 판매하는 판매자와 상품을 구매하는 구매자 양쪽 모두에게 부과할 수 있다. 아마존, 쿠팡과 같은 오픈마켓은 판매되는 상품의 일정 비율을 수수료로 받고(판매자에 수수료 부과), 프리미엄 서비스(예: 쿠팡의 로켓와우클럽, 아마존의 프라임 맴버십 등)를 통해 추가적인 비용을 부과(구매자에게 부과)한다. 구글 스토어 혹은 앱스토어 같은 모바일 앱 마켓에서도 일정 부분 수수료를 부과하고 있고, 구글 클라우드, 오라클 클라우드, 아마존 클라우드 등의 클라우드 사업자 또한 구독되는 소프트웨어에 대해 수수료를 부과하고 있다. 수수료는 일반적으로 오프마켓이 10~15%, 홈쇼핑이 30% 정도인 것으로 알려져 있다. 배달의민족의 경우 사업 초기에 플랫폼의 안착을 위해 수수료를 받지 않았지만 울트라콜이라는 8만원짜리 광고상품(검색 시 상단에 배치)을 판매하였고, 최근 시장 지배사업자가 되면서 중개수수료 1,000원, 배달료 5,000원에서 기본형, 배달비 절약형 그리고 통합형으로 구분하여 수수료를 부과하고 있다. 참고로 수수료에 대한 정책과 부과금액은 시기에 따라 상이함으로 참고용으로만 이해하기 바란다.

2) 소셜 미디어형 플랫폼

두 번째 유형은 우리가 흔히 SNSSocial Networking Service라고 말하

는 소셜 미디어형 플랫폼이다. 앞서 언급한 마켓형 플랫폼에서는 '상품의 거래'를 목적으로 한다면, 소셜 미디어형 플랫폼에서는 '정보의 교환'을 목적으로 한다. 이를 통해 개인 간, 지인 간 상호작용의 가치를 실현한다. 여기서 언급한 '정보'라는 것은 일반적으로 컨텐츠라고 표현하며, 텍스트뿐만 아니라 사진, 영상도 될 수 있다. 컨텐츠 생산자, 즉 크리에이터Creator는 공유하기 원하는 컨텐츠를 플랫폼을 통해 등록하고, 구독자는 해당 컨텐츠를 소비하는 방식으로 운영된다.

소셜 미디어형 플랫폼 비즈니스 모델

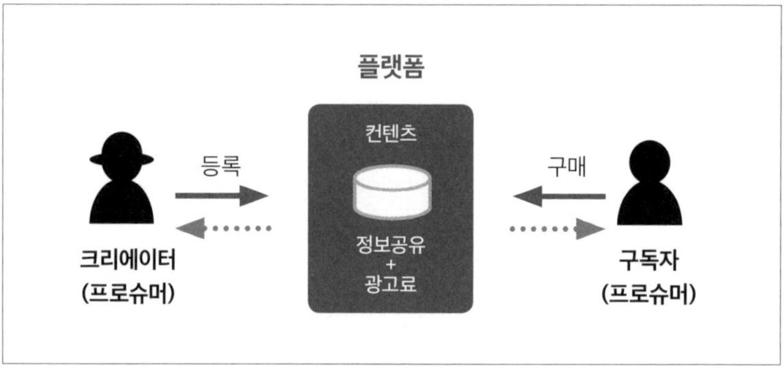

소셜 미디어형 플랫폼의 큰 특징 중에 하나는 생산자(크리에이터)와 소비자(구독자)의 구분이 매우 모호하다는 것이다. 누구나 컨텐츠의 생산자가 될 수 있고 동시에 누구나 컨텐츠의 소비자가 될 수 있다는 것을 의미한다. 페이스북, 카카오톡, 유튜브를 생각하면 쉽게 이해되리라 생각된다. 내가 페이스북에 개인 일상을 사진과 함께 올리면, 지인이 나의 글에 댓글을 올리고 난 또 그 댓글에 '좋아요'를 누른다. 글을 올리는 행위와 '좋아요'를 누르는 행위가 생산자에 해당되며, 지인의 댓글을 읽는 것은 소비자에 해당된다. 컨텐츠를 사이로 생산자와 소비자의 역할을 나와 상대방이 서로 바꾸어 가며 상호작용을 일으키는 것이다.

이렇게 생산자와 소비자를 구분하기 모호한 것을 '프로슈머Prosumer'라고 표현한다. 참고로, 프로슈머는 '생산자'란 뜻의 '프로듀서Producer'와 '소비자'란 뜻의 '컨슈머Consumer'를 합성해 만든 단어로, 정보를 일방적으로 소비만 하는 것에 머무르지 않고, 생산자와 소비자의 역할을 동시에 하는 사람을 말하며, '참여형 소비자'라고도 표현하다. 예를 들어 '에너지 프로슈머'라고 하면 에너지를 소비하는 동시에 에너지를 생산하는 사람을 일컫게 된다. 이러한 용어는 1980년 미국 미래학자 앨빈 토플러Alvin Toffler가 '제3의 물결'이라는 책에서 처음 사용하였으며, 이후 보편화된 단어로 사용되고 있다.

소셜 미디어형 플랫폼은 단지 서로 간 정보를 교환하는 플랫폼인데, 수익은 어떻게 낼 수 있을까? 이들의 핵심 수익원은 거의 대부분 '광고료'를 통해서 발생한다. 마켓형 플랫폼에서의 생산자는 기업이기 때문에 수수료를 부과할 여지가 있지만, 소셜 미디어형 플랫폼에서는 생산자는 기업보다는 개인일 가능성이 높다. 플랫폼 비즈니스 성공의 핵심이 '상호작용의 활성화'인데, 컨텐츠

소셜 미디어형 플랫폼 사례

의 생산자인 개인에게 수수료를 부과한다면, 아마도 상호작용 자체가 발생하지 않을 것이다. 따라서 소셜 미디어형 플랫폼에서는 상호작용에 참여하지 않는 제3의 기업에게 광고료를 부과하는 방식으로 수익구조를 가져가고 있다. 예를 들어 페이스북에서 컨텐츠 중간중간에 광고가 나오고, 유튜브에서는 영상을 시청하기 전에 꼭 광고를 봐야 한다. 유튜브에서 프리미엄 서비스에 가입하지 않으면, 우리가 엄청난 광고에 시달리게 되는 이유가 바로 여기에 있다. 유튜브의 가장 큰 고민은, 광고료가 주 수익원이다 보니 광고를 지속적으로 내보내야 하는데, 문제는 영상을 시청하는 사람들이 지나친 광고로 인해 유튜브에 거부감을 갖게 될 수도 있다는 것이다. 그렇다고 광고를 없애는 것은 불가능했기 때문에, 대안으로 생각한 것이 아마도 '프리미엄 서비스'일 것으로 생각된다. 기업이 아닌 일반 사용자에게는 프리미엄 서비스라는 명목으로 수수료를 부과하고, 기업에게는 광고료를 부과하여 양쪽에서 수익모델을 갖고 가는 것이다. 노출되는 광고 시간이 줄어드는 것에 대비하며, 수익을 늘리는 묘책이라고 생각한다. 이를 통해 상대적으로 안정적 수익구조를 가져가고 있다.

3) 공유형 플랫폼

공유형 플랫폼의 기본 개념은 개인이 소유한 물리적 자산에 대해 서로 나누어 사용함으로써 가치를 창출해내는 비즈니스를 의미한다. 이러한 개념은 하버드 대학교의 로런스 레시그Lawrence Lessig 교수가 경제 대침체 이후에 이를 극복하기 위한 방안으로 만들어낸 경제 개념의 하나이다.

기존 파이프라인 비즈니스에서는 제품을 생산하여 소비자에게 해당 제품의 소유권을 이전시키며 가치를 창출하는데 반해, 공유형 플랫폼에서는 소유권 이전보다는 공유자와 사용자 모두

공유형 플랫폼 비즈니스 모델

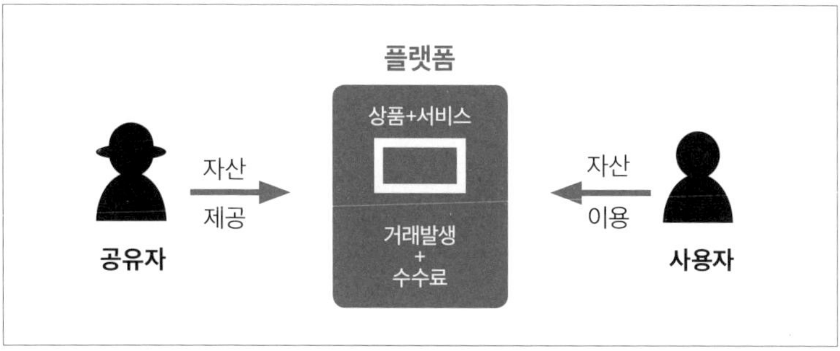

가 상황이 허용하는 상태에서 서로 나누어 사용함으로써 서로에게 가치를 제공하는 방식이다. 여기서 말한 '자산'이란 자동차와 같은 물리적 제품뿐만 아니라 개인이 소유한 사무실과 주택 등의 공간도 해당되며, 사람의 노동 그리고 시간 또한 이에 해당된다.

이러한 공유 개념은 좀 더 발전하여 긱 경제Gig Economy란 개념으로 사용되고 있다. 긱 경제의 기본 개념은, 노동력이 필요할 때 원하는 만큼 노동력을 공급받아 일하는 일종의 시스템을 의미한다. 은퇴자나 전업주부와 같이 노동시장에서 상대적으로 외면받을 수 있는 노동력에 대한 시장진입을 지원하는 방향으로 사용되었다. 실제로 아마존의 총알배송 서비스에 사용되고 있으며 국내에서도 실버 택배사업도 이에 해당된다.

한동안 이러한 공유경제 개념이 세상을 뒤덮은 적이 있었으며, 앞으로의 모든 비즈니스가 그러한 방향으로 변화할 것이라고 사람들이 생각하였다. 하지만, 몇 년이 지난 지금 그 열기가 많이 식었다. 대표적인 공유 플랫폼이라고 할 수 있는 에어비앤비의 경우 2021년 2월 12일 $212.68를 기록한 주가가 2022년 10월 $108.54를 보였다. 4년만에 48.97%, 즉 반토막이 났다. 또 다른 대표적인 공유형 플랫폼인 우버는 2021년 2월 $60.63였는데, 주가가 가장 많이 떨어졌을 때가 $21.33를 보였고, 이는 최고가 대비 64.82%나 주가가 하락한 것이다. 이러한 주가 비교가 긱 경제 개념을 기반으로 하는 공유형 플랫폼을 폄하하는 것은 아니며,

사람들이 기대만큼 아직까지는 큰 성공을 이루지는 못한 상태라고 말하고 싶다.

공유형 플랫폼 비즈니스 모델

공유 플랫폼이 아직까지 큰 성공을 이루지 못한 이유에는 장점과 함께 단점 또한 명확하기 때문이다. 공유 자산을 사용하는 이용자는 자신의 자산이 아닌 다른 사람의 자산을 이용하기 때문에 함부로 사용하는 경향이 있고, 이러한 행동들이 불쾌한 공유자는 자신의 자산을 공유하지 않게 된다. 또한 공유되는 자산에 문제가 발생했을 때 누구의 책임인지를 판단하기 어려운 경우가 발생하여 더욱 꺼리게 되는 경향이 있게 된다. 가장 큰 문제는 아마도 안전의 문제일 것이다. 에어비앤비를 통해 개인 집에 머무르게 되거나 혹은 우버를 통해 다른 사람의 차량을 이용할 때 발생될 수 있는 안전에 대한 우려가 공유자원을 꺼리게 되는 가장 큰 이유라고 할 수 있다. 개인이 소유한 공유자원에 대한 공유를 통해 서로가 가치를 만들어간다는 것은 어떻게 보면 유토피아적 사고일 수도 있다.

공유형 플랫폼의 수익구조는 어떻게 보면 매우 심플하다. 기본적으로 수익이 발생하는 사람에게 수수료를 부과하게 되므로, 개인의 자산을 공유하는 사람에게 수수료를 부과하게 된다. 다만, 해당 자산을 이용하는 사용자에게도 일정 부분 수수료를 부과하기도 하며, 광고 또한 주요 수익원에 해당된다.

4) 구독형 플랫폼

구독형 플랫폼이란 일정한 금액을 정기적으로 지불하고 제품이나 서비스를 이용하는 비즈니스를 말하며, 구독경제Subscription Economy라는 경제용어로도 사용되고 있다.

앞서 필자는 넷플릭스가 플랫폼 사업에 해당하는지에 대해 설명하였다. 넷플릭스에는 기본적으로 양면시장이 존재하지 않기 때문에 플랫폼 사업에 해당되지 않으며, 기업이 고객에게 보다 쉽게 제품을 제공하기 위한 하나의 '전략'에 해당될 뿐이라고 설명하였다. 하지만, 많은 사람들이 넷플릭스와 같은 OTTOver-The-Top 서비스를 플랫폼 사업이라고 말한다. 그 이유는 기존 파이프라인 비즈니스와는 다르게, 상품을 '일시적 판매'가 아닌 '지속적 서비스' 방식으로 판매하기 때문이다. 여기서 말한 '일시적 판매'

라는 것은 상품을 고객에게 판매하는 것을 말하며, '지속적 서비스'라는 것은 상품을 판매하는 것이 아니라 사용할 권한을 주고 그 권한에 대한 일정한 수수료를 받는 것을 의미한다. 넷플릭스의 경우에는 다수의 컨텐츠 개발 사업자와 계약을 통해 컨텐츠를 공급받아 회원들에게 컨텐츠를 이용할 권리를 부여하며 수수료를 받는다. 전형적인 '지속적 서비스'의 한 형태라고 할 수 있다. 컨텐츠를 공급받는 방식에는, 상영된 만큼 크리에이터Creator가 돈을 버는 런닝개런티Running Guarantee나, 혹은 소유권 자체를 넷플릭스가 갖게 되는 방식이 존재한다. 어떠한 계약이든 기본적으로 컨텐츠에 대한 소유권은 넷플릭스가 갖게 된다. 만약 이러한 방식의 서비스를 플랫폼 비즈니스라고 정의하고 싶다면, 크리에이터의 작품활동을 넷플릭스라는 하나의 창구를 통해 여러 소비자를 만나게 됨으로, 이 부분을 강조하여 양면시장이 존재한다고 보는 것으로 해석하면 된다.

구독형 플랫폼 비즈니스 모델

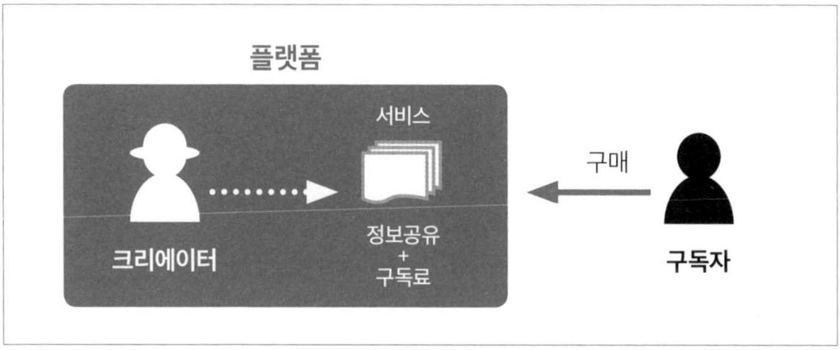

구독형 플랫폼 사례

넷플릭스와 같은 OTT 서비스 외에도, 렌탈 서비스 또한 구독형 서비스에 해당된다. 정수기, TV 등의 가전제품, 자동차 등 최근에는 상품의 유형을 가리지 않고 매우 다양한 영역에서 렌탈 서비스를 제공하고 있다. 특이한 렌탈 서비스 사례는 전기자동차의 배터리인데, 최근 전기자동차에 대한 수요가 폭발적으로 증가하였으나, 배터리 비용이 매우 높아 접근성이 떨어지는 문제가 있었다. 현대자동차는 이러한 문제를 해결하고 보다 고객 접근성을 높이기 위해 전기자동차의 원가 대부분을 차지하는 배터리를 구독형으로 전환한다고 2022년 5월에 발표하였다. 이렇게 되면 실질적인 판매가가 대폭 내려가게 되어 구매자로 하여금 선택의 폭을 넓힐 수 있게 된다. 동일하게 테슬라의 자율주행 기능인 오토파일럿Automatic Pilot도 옵션상품으로 구독서비스를 제공하고 있으며, 웅진의 정수기 렌탈, SK텔레콤의 T우주 서비스가 동일한 구독서비스에 해당된다.

구독형 플랫폼의 수익구조는 다른 플랫폼에 비해 단순하다. 플랫폼 기업이 제공하는 상품 혹은 서비스에 대해 고객에게 바로 사용료를 요구하기 때문이다.

Chapter 2

플랫폼 비즈니스의 성공요소

플랫폼 비즈니스의 성공요건

플랫폼에서 판매되는 상품들을 생각해보자. 플랫폼을 통해서 판매되는 상품들이 이전 비즈니스에서는 제공되지 않는 완전히 새로운 제품 혹은 서비스를 제공하고 있을까? 아니다. 플랫폼에서 판매되는 제품들은 사실 이미 기존에 여러 기업에 의해 제공되던 제품 혹은 서비스들이다. 이전과 비교해서 차이라고 한다면, 단지 플랫폼이라는 도구를 통해서 제공되고 있을 뿐이다. 그럼 플랫폼은 어떻게 오늘날의 비즈니스를 집어삼킬 것처럼 시장을 장악하게 되었을까? 그것은 1장에서 설명한 바와 같이 비즈니스가 발생하기 위한 거래비용을 획기적으로 낮추고, 네트워크 효과를 통해 생산자가 소비자를 만날 수 있는 기회가 많아지면서 폭발적인 성장이 가능해졌다. 오프라인에서의 한계인 시간과 장소의 제약없이 거래가 발생할 수 있고, 재고관리에 필요한 운영 비용도 필요하지 않는다. 단지 디지털 기술을 활용하여 생산자와 소비자를 연결해주는 네트워크를 잘 만들어주면 된다.

플랫폼 비즈니스를 이야기할 때, 이러한 고민이 있을 것 같다. '플랫폼 비즈니스는 모든 사업에 적용할 수 있을까?'라고 말이다. 이 또한 대답은 '아니요' 이다. 플랫폼 비즈니스를 적용하기에 적절한 사업이 있고, 반대로 상대적으로 어려운 사업이 존재한다. 플랫폼 비즈니스를 접목하기 상대적으로 쉬운 사업은, 당연한 이야기겠지만 거래비용이 많이 발생하며 이러한 문제를 디지털 기술로 해결할 수 있는 사업이 이에 해당된다. 예를 들어 모바일 앱 시장을 생각해보자. 앱을 개발하는 개발자 또는 기업이 고객을 만나려면 어떻게 해야 할까? 아마 모든 사람이 스토어를 생각할 것이다. 이미 우리에게 익숙한 플랫폼이기 때문에 쉽게 떠올렸을 것이다. 만약 스토어가 없다면 개발자는 어떻게 고객을 만날 수 있을까? 가장 단순한 방법으로는 매스컴에 광고를 내고 포털 사이트에 자신이 개발한 앱에 대해 열심히 글을 올릴 것이다. 다시 말하자면 엄청나게 많은 광고료와 노동력 등의 거래비용이 발생하게 된다. 이러한 문제는 네트워크 효과를 발생시킬 수 있는 스토어를 만든다면 간단하게 해결할 수 있다.

또한 모바일 앱과 마찬가지로 플랫폼 비즈니스를 적용하기에 용이한 사업으로는 동영상 컨텐츠의 교육분야 그리고 제품정보를 쉽게 공유할 수 있는 유통시장이 플랫폼 비즈니스를 적용할 때 빠르게 성장할 수 있다. 하지만, 제조업과 같은 장치산업 그리고 반도체와 같은 법적 제재와 보안 요구사항이 높은 산업은 플랫폼 비즈니스를 적용하기에 어려움이 많다. 그 이유는 네트워크 효과를 발생시키기에 상대적으로 한계가 명확하기 때문이다.

플랫폼 비즈니스를 고려할 때 고민해야 할 중요한 요소는, 플랫폼 비즈니스가 디지털 기술을 기반으로 진행된다고 해서 플랫폼 기업이 자신을 소프트웨어 사업자라고 생각해서는 절대 안 된다는 것이다. 사업적으로 그리고 비즈니스 측면에서 소프트웨어 개발의 기본원칙은 고객의 요구사항을 중심으로 예산이 허용하는 범위On-Budget 안에서 일정에 맞게On-Time 고객의 만족도를 최대한 높이는 방향으로 추진하는 것이다. 조금 과하게 표현하자면 그러한 개발이 어떠한 효과가 있을지, 어떻게 운영되어야 할지에 대해서는 상대적으로 관심이 적으며, 이슈 없이 어떻게 하면 검수도장을 잘 받을 수 있을까에 더 큰 관심을 갖는 것이다. 이유는 간단하다. 시스템을 구축하는 사업은 항상 예산과 일정이 명확하게 주어지고, 그 기준을 벗어난다면 실패한 프로젝트로, 그 기준을 충족한다면 성공한 프로젝트로 판명이 나기 때문이다. 하지만 플랫폼 비즈니스는 사업을 바라보는 관점 자체가 다르다. 즉, 소프트웨어 개발사업은 "시스템"을 만드는 관점이라면, 플랫폼 사업은 "비즈니스"를 만드는 것에 관점을 둔다. 플랫폼 비즈니스가 성공하기 위해 가장 필요한 것이 생산자와 소비자들 간 네트워크를 만드는 것인데, 소프트웨어 개발은 그러한 네트워크를 뒷받침해주는 시스템 개발에만 관심이 있는 것이다. 따라서 플랫폼 비즈니스를 하는 기업은 소프트웨어 개발 사업자가 되어서는 안 되며, 마케팅, 해당 산업구조에 대한 인사이트 그리고 비즈니스를 만들어 내는 기업이어야 성공할 확률이 높아진다.

선순환 네트워킹을 위한 3가지 핵심요소

플랫폼 비즈니스가 성공하기 위해서는 무엇보다 선순환 네트워크 효과가 발생해야 한다. 이러한 선순환 네트워크 효과가 발생하기 위해서는 플랫폼에 대한 본질적인 이해와 함께 실제 네트워크가 발생하기 위한 매칭, 그리고 선별적 개방성이 매우 중요하다.

1) 플랫폼 본질에 대한 생각

우리가 새로운 플랫폼 비즈니스를 만든다고 가정해보자. 그럼 무엇을 먼저 생각해야 할까? 어떻게 설계를 해야 네트워크 효과를 극대화해 참여자 간 상호작용을 활발하게 만들 수 있을까? 어떻게 생각해보면 참 막연하게 느껴지는 질문이다. 이러한 막연한 질문에 해결책을 찾는 가장 좋은 방법은, 어쩌면 세상 모든 일에 적용될 수 있는 말이겠지만, 바로 해결하고자 하는 문제의 "본질"이 무엇인지를 생각하고 그것에 집중하는 것이라고 할 수 있다. 그럼 플랫폼 비즈니스의 본질은 무엇일까?

플랫폼 비즈니스의 본질은 생산자와 소비자를 연결하여 네트워크 효과를 기반으로 활발한 상호작용을 일으키고, 이를 통해 서로의 가치를 주고받는 것이라고 할 수 있다. 이 '주고받는 것'은 크게 세 가지 유형이 있으며, '정보', '상품 또는 서비스' 그리고 '대가'가 이에 해당된다. 따라서 플랫폼 비즈니스의 본질을 정의하기 위해서는 이 세 가지 유형에 대한 명확한 정의가 필요하다.

플랫폼 비즈니스의 교환유형 정의

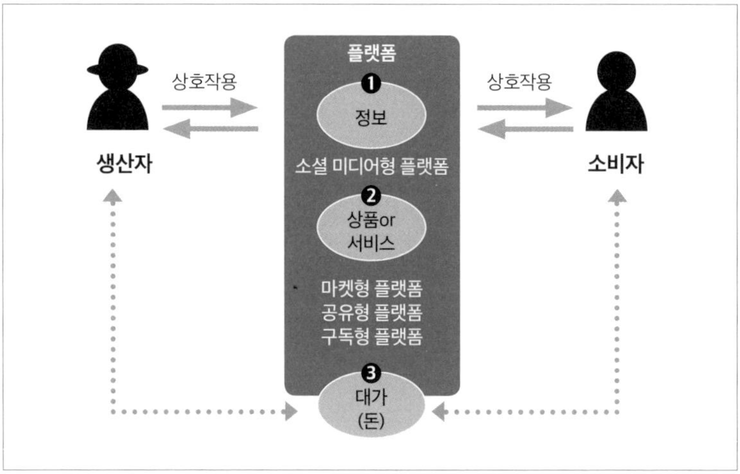

먼저, '정보'는 플랫폼 비즈니스 유형에서 소셜 미디어형 플랫

폼에서 주로 교환되는 가치에 해당된다. 페이스북이라면 개인이 올린 컨텐츠가, 유튜브라면 동영상이 이에 해당된다. 물론 '정보'가 소셜 미디어형 플랫폼에서만 해당되는 것은 아니다. 쿠팡, 아마존과 같은 오픈마켓이라면 판매자가 등록한 상품정보가 '정보'에 해당되며, 에어비앤비와 같은 공유형 플랫폼이라면 집주인이 올린 숙박정보가 이 '정보'에 해당된다. 결국 '정보'라는 것은 교환하고자 하는 무언가에 대해 알리는 역할을 한다. 따라서 플랫폼에서는 '정보'의 흐름, 그러니깐 정보의 생산자가 컨텐츠를 올리고, 정보의 소비자가 그것을 확인하는데 매우 쉽고 용이하게 정의하고 만들어야 한다. 페이스북이라면 이미지와 텍스트를 보다 쉽게 만들어 등록할 수 있게 해야 하고, 에어비앤비의 경우라면 숙소 이미지를 편집할 수 있는 기능을 제공해야 한다. 그래야 실제 거래가 발생할 확률이 높아지기 때문이다. 그럼 두 번째의 '상품 또는 서비스'는 무엇일까? 이 '상품 또는 서비스'는 '정보'를 통해 확인된 것이 실제 교환이 발생하는 것을 의미한다. 페이스북이라면 다른 사람이 올린 컨텐츠를 읽는 행위, 그리고 그 글에 댓글을 등록하는 행위가 이에 해당된다. 공유형 플랫폼에서는 숙박시설을 예약하고 활용하는 행위들이다. 마켓형 플랫폼에서는 실제 제품을 구매하고 상품평 및 댓글 그리고 문의 글 등의 활동들이다. '정보'와 마찬가지로 이러한 활동을 보다 쉽고 용이하게 등록하고 확인할 수 있도록 시스템을 만들어야 한다. 마지막으로 '대가'는 실제 거래를 통해 최종적으로 서로 간의 가치를 교환하는 것을 말한다. 예를 들어, 원하는 상품을 구매할 때 페이Pay를 연결하여 간편하게 결제를 할 수 있도록 하거나, 신용카드 결제 외에 다양한 결제방법을 제공하여 '대가' 단계에서 상호작용이 보다 쉽고 편리하게 발생할 수 있도록 구성해야 한다.

이렇게 플랫폼 비즈니스에 대한 본질을 고민할 때에는 생산자와 소비자 간 교환되는 이 세 가지, '정보', '상품 또는 서비스' 그리고 '대가'에 대해 정의를 하고, 어떻게 하면 보다 쉽게 상호작용이 발생할 수 있을까를 반드시 고민해야 한다. 그것이 사용자 경험UX: User Experience 측면일수도 있고, 화면구성UI: User Interface 측면일수도 있다. 아니면 '대가'에서 예시를 들었던 페이와 같이 시스템 간의 연계일수도 있다. 이러한 것들은 이런 방식으로 해야 한다고 사전에 정의되어 있는 것이 없기 때문에, 내가 만들고자 하는 플랫폼 그리고 플랫폼에 참여하는 이용자들의 특징을 고려하여 다양한 아이디어가 필요하다.

플랫폼 비즈니스의 핵심 중에 핵심, 본질 중에 본질에 해당하는 '네트워크 효과 기반의 상호작용'과 관련하여, 상호작용을 어떻게 디자인하는지에 대해 다른 도서를 참고하여 추가 설명을 하고자 한다. 플랫폼의 바이블이라고 할 수 있는, 마셜 밴 앨스타인Marshall W. Van Alstyne, 상지트 폴 초더리Sangeet Paul Choudary, 제프리 피커

Geoffrey G. Parker가 공동 집필한 '플랫폼 레볼루션Platform Revolution'에서는 상호작용을 위해 핵심요소 세 가지가 반드시 수반되어야 한다고 지적하고 있다. 이 세 가지는 '참여자Participants', '가치 단위Value Unit' 그리고 '필터Filter'이다.

상호작용 = 참여자 + 가치단위 + 필터

먼저 '참여자'는 플랫폼 비즈니스에 참여하는 활동주체를 말하며, 개인이 될 수 있고 기관 또는 집단이 될 수도 있다고 말한다. 참여자는 기본적으로 플랫폼에서는 두 가지 유형으로 나눠지며, 양면시장에 해당하는 생산자와 소비자가 이에 해당된다. 다만, 각 참여자의 유형은 앞에서 언급한 바와 같이 개인이 될 수도 기관 또는 집단이 될 수도 있는데, 동일한 역할을 수행하는데 그 종류가 다른 것이다. 플랫폼 비즈니스에서 참여자와 관련하여 또 다른 특징은 역할구분이 명확하지 않다는 것이며, 생산자가 소비자가 될 수 있고, 소비자 또한 생산자가 될 수 있다. 이와 관련하여 앞에서 페이스북과 유튜브 사례를 여러 번 설명하였다. 이러한 특징이 전통적인 파이프라인 비즈니스에서의 참여자와 확연하게 구분되는 부분이다. 파이프라인 비즈니스에서는 생산자는 생산자이고 소비자는 계속 소비자 역할만을 수행한다. 따라서 플랫폼의 참여자를 설계할 때에는 어느 유형의 사용자가

참여할 수 있는지, 각 유형의 참여자는 어떤 활동을 하는지, 그리고 각각 다른 유형의 참여자가 동일한 상호작용 활동을 하는지 등 참여자의 유형과 활동에 대한 정의가 필요하다.

두 번째, '가치단위'는 앞에서 언급한 교환유형의 세 가지(정보, 상품 또는 서비스, 대가)를 기준으로 정의를 해야 한다. 사실 플랫폼 비즈니스가 존재하는 이유는 이 '가치단위' 때문이라고 할 수 있다. 왜냐하면 플랫폼을 통해서 상품이 교환되고 이를 바탕으로 돈이 오고 감으로써 플랫폼에 참여하는 동기가 발생하기 때문이다. 소셜 미디어형 플랫폼이라면 내가 등록한 글을 통해 주변 사람들로 하여금 관심을 받는다는 대가를 얻기 때문에 플랫폼에 참여하는 동기가 발생하는 것이다. 플랫폼 비즈니스를 진행할 때 사업 초기단계에서 이 '동기'에 대한 관리가 대단히 중요하다. 플랫폼 비즈니스는 어느 정도의 활동성으로는 성공할 수 없으며, 매우 많은 활동성이 수반되어야 성공할 수 있다. 그러기 위해서는 사람들을 끌어들이는 '동기'가 필요하다. 플랫폼을 통해서 중요한 정보를 보다 쉽게 얻을 수 있거나, 아니면 좋은 품질의 상품을 상대적으로 저렴한 가격으로 구매할 수 있어야 한다. 이러한 '동기'가 없다면 '가치단위' 자체가 교환될 수 없게 된다. 따라서 시장지배사업자가 되기 전까지는 플랫폼 비즈니스의 사업추진 핵심 방향성은 가치창출을 어떻게 만들어 갈 것인가에 두어야 한다. 보다 정확히 표현하자면, 수익에 초점을 맞추면 안 된다는 것이며, 참여자가 자신의 가치를 만드는 것에 모든 자원을 집중해야 한다. 직접적인 현금 보조금을 주어서라도 참여자의 가치를 만들어 내지 못한다면, 그 플랫폼 비즈니스는 실패하고 말 것이다. 분명히 말하지만, 일정 수준의 상호작용이 발생하기 전인 사업초기 단계를 말하는 것이다. 손익분기점BEP: Break-Even Point은 시장지배 플랫폼이 된 이후에 생각해야 살아남을 수 있다.

마지막으로 '필터'는 소비자가 원하는 정보 혹은 상품을 쉽게 연결해주는 것을 의미하며, 소프트웨어 기반의 알고리즘에 해당된다. 이러한 '필터'는 소비자로 하여금 플랫폼을 스스로 찾아오도록 만들고, 다른 플랫폼으로 이동하는 것을 막으며 오랫동안 머무르도록 묶어 두는 역할을 한다. 이 '필터'에 대한 설명은 굳이 필요가 없을 정도로 우리에게 익숙하리라 생각된다. 구체적인 내용은 아래 '매칭 알고리즘'을 참고하길 바란다.

2) 상호작용의 출발점, 매칭 알고리즘

선순환 네트워크를 위한 세 가지 핵심요소 중 두 번째는 매칭 알고리즘이다. 앞에서 상호작용의 세 번째 요소인 '필터'와 거의 동일한 의미로 사용되고 있다. 실제로 플랫폼 관련 도서에서 '필터'와 '매칭'을 거의 동일한 의미로 사용하고 있는데, 필자 또한 크게 구분은 두지 않고자 한다. 다만, 상호작용에 있어서 매우 중요한 요소인 만큼 추가적으로 설명하고자 한다.

검색시장에서 구글이 단시간 내에 전세계 검색시장을 완벽하게 장악하면서 검색시장의 90% 이상을 차지하고 있다는 것은 누구나 알고 있는 사실이다. 그 이유는 뭘까? 너무나 간단하다. 말 그대로 우리가 원하는 결과를 정확하게 찾아주기 때문이다. 국내 검색시장 1위를 달리고 있는 네이버와 비교하여 매칭 알고리즘에 어떠한 차이가 있는지 살펴보자.

아래 그림은 플랫폼 레볼루션에서 상호작용의 세 가지 핵심요소 중 '가치단위'라는 단어를 구글과 네이버 검색을 통해 그 결과를 비교해 보았다.

검색엔진의 검색결과 차이

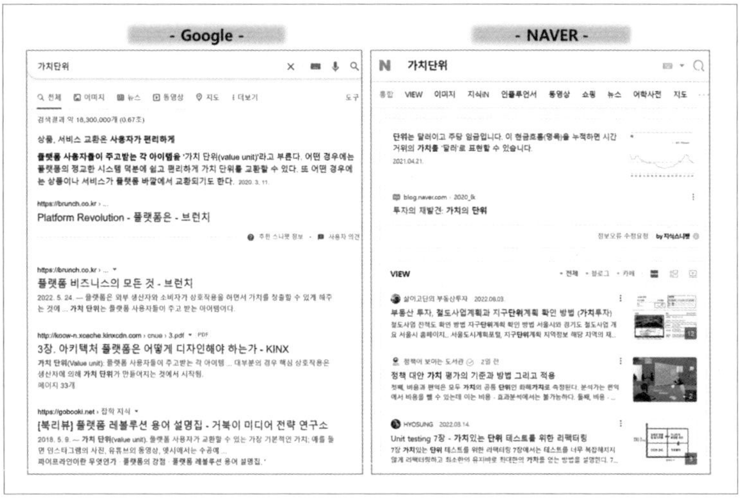

구글에서의 검색결과를 보면, '가치단위'에 대한 사전적 정의

와 함께 플랫폼의 상호작용에 대해 설명되어 있는 블로그나 트위터 또는 홈페이지 등을 정확하게 찾아주고 있으며, 해당 검색결과가 약 16,100,000개나 된다고 표시하고 있다. 하지만, 네이버에서의 검색결과는 아쉽게도 플랫폼의 상호작용과 아무 상관이 없는 결과만을 제시하고 있다. 예를 들어 부동산의 가치투자 관련된 내용, 비트코인 등의 화폐내용, 특정 기업의 공모주 관련된 내용 등이 검색결과로 나오는데, 아마도 '가치'와 '단위'라는 두 단어를 동시에 검색한 결과가 아닐까 추측이 된다. 왜냐하면 검색결과가 '가치'와 '단위'가 별도로 검색되어 각각의 결과로 나오기 때문이다. 이러한 것이 바로 각각의 검색엔진이 갖는 '매칭 알고리즘'의 차이라고 할 수 있는 것이다.

매칭 알고리즘과 더불어 중요한 것이 매칭 품질관리Matching Quality Management이다. 단어에서도 예상되듯이 매칭의 품질을 관리하자는 것인데, 참여자의 활동내역을 모니터링하여 매칭의 품질 정도를 확인할 수 있다는 생각에서 출발한 개념이다. 예를 들어 앞에서 살펴본 네이버와 구글의 검색결과 사례를 보면, 네이버에서는 원하는 검색결과를 찾지 못해서 사용자가 여러 번 검색을 할 것이다. 유사한 단어로 여러 번 검색을 했다는 것은 검색엔진의 매칭 알고리즘에 문제가 있는 것이며, 그 검색의 횟수로 매칭 알고리즘의 수준을 추정할 수 있을 것이다. 마켓형 플랫폼의 경우라면, 검색도 해당되겠지만, 검색 후 구매로 전환되는 것이 얼마나 되는지 모니터링한다면 매칭 알고리즘의 품질을 측정하는 데 매우 용이할 수 있다. 물론 한 번 검색해서 구매로 이어졌는지를 측정하기보다는, 예를 들어 3번 이상 검색을 하고 상품의 상세 내역을 3개 이상 확인한 사용자가 실제 구매로 이어졌는지를 측정하고, 그 비율이 30%가 넘으면 매칭 알고리즘이 우수하고 그 이하라면 매칭 알고리즘의 개선이 필요하다고 정의하는 방식이다. 물론 이러한 것에 일반적인 기준은 없으며 해당 플랫폼을 운영하는 기업의 노하우를 통해 내부적인 기준을 정하면 된다. 가장 중요한 것은 그 기준이 몇 퍼센트이다가 아니라 이러한 매칭 알고리즘의 품질관리를 적용하고 있는지가 핵심이다.

3) 플랫폼의 개방성

세계 소프트웨어 시장은 1980년대가 되면서 엄청난 변화의 시대를 맞이하였다. 이전에는 기업 또는 개인이 소프트웨어를 개발하고 독점적 지위를 바탕으로 시장에 진입하는 방식 이었다. 하지만 이러한 독점적 체계에 반대하며 리처드 스톨먼Richard Stallman을 중심으로 소프트웨어의 공유를 주장하는 운동이 일어났다. 이것이 오프소스 소프트웨어OSS: Open Source Software이며, 이제는 IT업계에서 확고한 시대적 트렌드로 자리잡았다. 시장도 가파른 상승세를 보이며 2022년 약 320억 달러의 시장규모에서 2026년까지 연평균 18.2%의 성장으로 시장규모가 약 500억 달러에 달할 것으로 예측되고 있다. 현재 4차 산업혁명이라는 이름으로 디지털 트랜스포메이션Digital Transformation의 태풍이 우리사회에 몰아치고 있는데, 인공지능AI: Artificial Intelligence, 빅데이터Big Data 분석, 블록체인Blockchain 등의 기술에서 사용되는 프로그램 소스 및 알고리즘은 사실상 100% 오픈소스 기반으로 진행되고 있을 정도이다. 정확히 말하자면 오픈소스를 기반으로 제품을 만들지 않고, 자사 구성원의 역량을 중심으로 디지털 트랜스포메이션을 추진하는 것은 불가능하다고 볼 수 있다. IT업계가 이렇게 진행되면서 오픈소스 소프트웨어의 중요성과 활용도가 더욱 올라가고 있는 상황이다. 결국 이러한 시장의 과정은 무엇을 의미할까? 이것은 결국, 소프트웨어 산업에서 네트워크, 즉 생태계를 만들어가는 것을 의미한다. 시장규모가 500억달러로 성장한다는 것은 네트워크 효과가 없이는 불가능하다. 소프트웨어의 오픈정책 그리고 공유정책을 통해 일정 조건을 충족하는 개발자라면 제한없이 누구나 기존 소프트웨어를 개선할 수 있고, 그리고 공유를 통해 네트워크 상에 존재하는 다른 개발자와 나누는 것, 이것이 네트워크 효과이다.

이제 플랫폼 비즈니스에서의 오픈정책 또는 공유정책, 즉 개방성에 대해서 생각해보자. 사실 이러한 개방성에 대해서 플랫폼 비즈니스에서는 오랫동안 고민을 했었다. 스티브 잡스Steve Jobs는 1980년대 애플 매킨토시를 완전한 폐쇄형 시스템으로 만들었다. 기본적으로 철저한 보안체계를 바탕으로 세련된 디자인을 적용하여 고급화가 목표였다. 하지만, 마이크로소프트는 정반대의 전략을 펼쳤다. 운영체제를 외부 개발자에 공개하고 엑셀, 파워포인트와 같은 MS-Office도 외부 개발자가 활용할 수 있도록 하였다. 필자의 경우에도 생산성을 향상시키는 자동화 도구 개발과 관련하여 SCI논문을 작성했을 때에도, 파워포인트와 엑셀의 일부 기능을 컨트롤하여 자동화하는 내용으로 연구를 진행한 경험이 있다. 이렇듯 애플과 마이크로소프트는 시스템의 개방성과 관련하여 확연한 차이가 있었다. 사실 어떤 전략이든 정답이라는 것은 없다. 폐쇄형 전략일수록 보안에 유리하고 파편화에 대응이 용이하며, 수익을 창출하는 것에도 유리하다. 하지만, 개방형일수록 폭발적인 네트워크 효과를 기대할 수 있고 이를 통한 혁신을 도모할 수 있다. 이러한 폐쇄정책은 모바일 운영체제에도 동일하게 적용되었지만, 스티브 잡스는 2000년대 들어 아이폰의 운영체제OS: Operating System를 개방하고 마이크로소프트의 윈도우Window에서 아이튠스iTunes를 사용할 수 있도록 개방함으로써 블랙베리Blackberry와 노키아Nokia 등의 휴대폰 사용자들이 아이폰으로 이동시키는 계기를 마련하였다. 현재 스마트폰의 운영체제는 안드로이드Android와 iOS가 양분하고 있으며, 안드로이드 72.2%, iOS는 26.99%를 차지하고 있다. 점유율이 높다는 것이 소프트웨어의 완성도가 높다는 의미가 아니라, 개방성의 차이에 의한 시장에서의 활성화 정도의 차이라고 할 수 있다.

플랫폼 비즈니스에서의 개방성의 의미는 각각의 참여자가 플랫폼에 참여하는데 제약이 없고 모두에게 균등한 기회가 주어진다는 것을 말한다. 다만, 폐쇄성이란 플랫폼 비즈니스에 참여하는 것을 금지시킨다는 것을 의미하지는 않는다. 참여를 시키되 일정한 제약을 둔다는 것으로, 참여기업의 신용도와 규모를 정한다던지, 참여 수수료를 부과한다던지, 아니면 활동의 기준을 엄하게 둔다던지 하는 것을 말한다. 이러한 개방성과 폐쇄성을 바탕으로 우리가 운영하고자 하는 플랫폼의 기준을 정하면 된다. 하지만 그러한 기준을 세운다는 것은 말처럼 쉬운 것은 아니다. 네트워크 효과가 충분히 발생할 수 있도록 개방해야 하며, 부정적 네트워크 효과가 발생하지 않도록 폐쇄적이어야 한다. 흑백논리가 아니듯, 옳고 그름의 문제가 아니듯, 선별적 개방성에 대한 기준이 선순환 네트워크를 만드는 데 중요한 기준이 될 수 있다.

네트워크 효과 극대화

우리는 이제까지 네트워크라는 것이 플랫폼 비즈니스에서 어떠한 역할을 하는지 대략적으로 살펴보았다. 지금부터는 이러한 네트워크에 대한 정의 그리고 네트워크 효과가 어떻게 발생하는지를 보다 구체적으로 살펴보고자 한다.

네트워크 효과란 미국 경제학자 하비 라이벤스타인Harvey Leibenstein이 주장한 개념으로, "특정 상품에 대한 어떤 사람의 수요가 다른 사람들의 수요에 영향을 미치는 효과"라고 정의하였다. 또한 사용자가 몰릴수록 그 규모가 기하급수적으로 늘어나는 구조를 갖는다고 설명하였다. 결국 이것을 우리 플랫폼 비즈니스 관점에서 생각해본다면, 사람들이 어떤 플랫폼을 사용하면 할수록 다른 사용자에게 영향을 미쳐서 해당 플랫폼을 함께 사용하게 되며, 그로 인해 플랫폼의 가치가 폭발적으로 증가하는 현상이라고 말할 수 있다. 이것이 가능한 이유는 어떤 한 사용자의 행동이 동일한 서비스를 이용하려는 다른 사용자의 행동에 긍정적인 네트워크 효과를 미쳤기 때문이다.

이러한 플랫폼 비즈니스에는 기본적으로 네 가지 네트워크 효과가 존재한다. 따라서 플랫폼을 설계하고 운영규칙을 기획할 때에는 이러한 네 가지 네트워크 효과에 대한 이해를 바탕으로, 내가 만들고자 하는 플랫폼의 특성을 반영해야 한다.

1) 직접 네트워크 효과와 간접 네트워크 효과

직접 네트워크 효과Same-side Effects란 하나의 동일한 사용자 집단 안에서 사용자 수가 많아질수록 더 많은 사용자들을 끌어들이는 것을 의미한다. 이러한 직접 네트워크 효과는 한국어로 번역되면서 여러 표현으로 사용되고 있으며, 한쪽 면One-side이라는 의미에서 '동일면 네트워크 효과' 또는 '우리편 네트워크 효과' 등의 용어로도 사용되고 있다. 직접 네트워크 효과의 가장 대표적인 예는 디지털 네트워크 3대 법칙인 메트칼프의 법칙Metcalfe's Law이다. 팩스를 사용하는 고객이 한 명인 경우 팩스의 연계가능성은 0이지만, 팩스의 사용자가 늘어날수록 네트워크에서 발생되는 연결가능성은 n(n-1)/2 만큼 폭발적으로 늘어나게 된다. 쉬운 예로 모바일 메신저를 생각해보자. 카카오톡과 텔레그램 그리고 라인 중에 우리는 거의 대부분 카카오톡을 사용한다. 카카오톡의 기능이 독보적으로 좋아서 대부분의 사람들이 사용한다기보다는, 그냥 많은 사람들이 사용하기 때문에 연락하기 편하다 보니 사용을 하는 것이다. 카카오톡의 사례와 같이, 직접 네트워크 효과란 사람들이 사용하다보니 네트워크 효과가 발생하여 더욱 더 많은 사람들이 사용하게 된다는 개념이다.

그럼 간접 네트워크 효과Cross-side Effects는 무엇일까? 간접 네트워크 효과란 시장의 한쪽 면에 있는 사용자들의 활동이 다른 면에 있는 사용자들의 활동에 영향을 미치면서 발생되는 네트워크 효과를 말한다. 직접 네트워크 효과와 마찬가지로 한글로 번역되면서 여러 표현으로 사용되고 있으며, '교차 네트워크 효과' 또는 '반대편 네트워크 효과'로도 사용되고 있다. 카카오톡으로 예를 들어 설명하면, 사용자 집단(소비자)에 해당하는 사람들이 많아질수록, 반대편에 있는 판매자 집단(생산자)에 해당하는 기업들의 네트워크 또한 더 활발해질 것이라는 의미이다. 한때 3대 소셜 커머스Social Commerce라 불리던 쿠팡, 티몬 그리고 위메프를 생각해보면 쉽게 이해가 갈 것이다. 소셜 커머스의 원년이라고 할 수 있는 2010년대에는 3개사의 규모는 비슷했지만, 지금은 쿠팡이 매출 규모에서 비교가 안될 정도로 앞서 있다. 이러한 상황에서 상품을 만들어 오픈마켓에 등록을 원하는 기업이라면, 쿠팡, 티몬 그리고 위메프 중 어느 플랫폼과 먼저 거래하기를 원할까? 너무나 당연한 이야기이겠지만, 소비자들이 몰려 있는 쿠팡을 먼저 생각할 것이다. 로켓배송의 편리함으로 사용자들 간 소문이 퍼져 더 많은 사용자들이 플랫폼에 참여하고(직접 네트워크 효과 발생), 이를 바탕으로 다른 면에 있는 판매자들이 돈을 더 많이 벌 수 있다는 기대감으로 쿠팡에 몰려들기(간접 네트워크 효과 발생) 때문이다.

직접 네트워크 효과와 간접 네트워크 효과

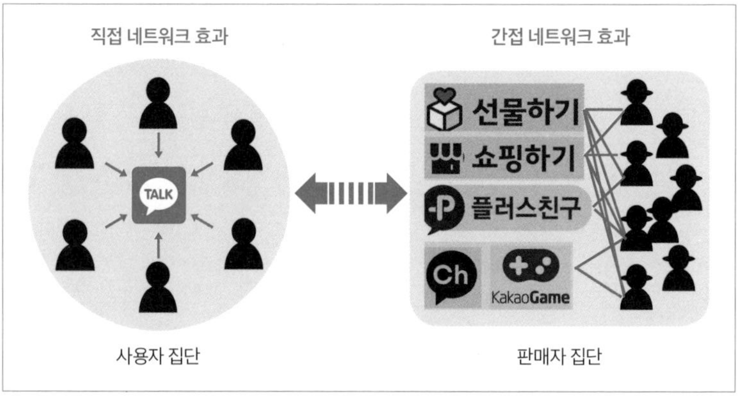

참고로, 플랫폼 비즈니스에서는 당연히 직접 네트워크 효과와 간접 네트워크 효과가 동시에 발생하는 반면에, 기존 파이프라인 비즈니스에서는 단지 소비자 측면의 직접 네트워크 효과만 발생하게 된다. 왜냐하면 상품이 기업으로부터 소비자 하나의 방향으로만 선형적 흐름을 보이고 있기 때문에 반대편에 영향을 미칠 수 없기 때문이다.

2) 긍정적 네트워크 효과와 부정적 네트워크 효과

용어에서 쉽게 알 수 있듯이 네트워크 효과에는 긍정적인 네트워크 효과와 부정적인 네트워크 효과가 있다.

먼저, 긍정적인 네트워크 효과에는 앞에서 살펴본 소셜 커머스 외에도 쉽게 찾아볼 수 있다. 모바일 앱을 거래하는 스토어, PC 게임기인 플레이스테이션과 엑스박스의 경우도 긍정적 네트워크 효과의 대표적 예라고 할 수 있다. 게임 이용자(소비자)가 어떤 한 게임이 재미가 있을 때 긍정적 평가를 내리고, 이러한 긍정적인 평가는 다른 이용자에게 좋은 영향을 미쳐 결국 이용자 수가 증가하게 된다. 이것은 다른 한쪽 면에 존재하는 게임 개발자(생산자)의 수를 자연스럽게 증가시켜 보다 많은 게임들이 앱 스토어와 PC 게임 시장에 출시되게 된다. 이러한 과정을 거쳐 결국 플랫폼 비즈니스의 양면시장에 긍정적인 활동성을 부여하는 것이다. 이 외에도 오픈마켓의 상품평 그리고 페이스북과 같은 소셜 네트워크에서의 댓글 등이 상호작용을 통한 긍정적인 네트워크 효과를 향상시키는 예라고 할 수 있다.

그럼 부정적 네트워크 효과에는 어떤 것이 있을까? 대표적인 사례에는 채팅 플랫폼이라고 할 수 있다. 우리에게 다소 생소할 수 있는 챗룰렛Chatroulette은 랜덤으로 화상채팅을 하는 플랫폼인데, 스카이프에 착안하여 러시아의 한 소년이 개발하였다고 한다. 처음에는 20명의 사용자로 시작한 챗룰렛은 불특정 다수와 익명으로 랜덤하게 화상채팅을 할 수 있다는 장점으로 단지 6개월만에 150만명이 참가하는 플랫폼으로 성장하였다. 문제는 화상채팅이 익명으로 그리고 모르는 사라들과 랜덤하게 연결이 되다 보니, 대화 상대방에게 불쾌감을 줄 수 있는 상황이 지속적으로 발생한다는 것이다. 가장 큰 문제는 채팅에서 발생하는 이러한 상황을 플랫폼 운영자가 인지하였음에도 불구하고, 사태 초기에 적절하게 조치를 취하지 않았다고 한다. 결국 많은 이용자가 이탈을 한 후 사태의 심각성을 느낀 운영자는 채팅 운영 거버넌스Governance를 수립하여 적용하였지만, 이미 돌이킬 수 없는 상태가 되어 이전의 긍정적 네트워크 효과가 발생했을 때로 돌아갈 수 없었다고 한다. 사실 이러한 사례는 국내 채팅 사이트에서도 흔히 볼 수 있는 사례이다.

플랫폼 비즈니스에서 가장 중요한 네트워크 효과를 극대화하기 위해서는 앞서 살펴본 '직접 네트워크 효과', '간접 네트워크 효과', 그리고 '긍정적 네트워크 효과', '부정적 네트워크 효과' 모두를 관리해야 한다. 긍정적 네트워크 효과를 위해서는 긍정적 피드백 고리Positive Feedback Loop를 만들어야 하는데, 이것은 양면시장에서 생산자 집단과 소비자 집단 양쪽 모두에게 긍정적인 네트워크 효과가 발생시킬 수 있는 출발점이라고 할 수 있다. 예를 들어, 우버나 에어비앤비와 같은 공유형 플랫폼이라면 공유되는 자산에 대한 청결함과 안전성 그리고 편리함을 제공하는 피드백 고리를 만들어야 한다. 쿠팡, 아마존과 같은 마켓형 플랫폼이라면 소비자가 제품을 믿고 살 수 있는 환불체계, 제품의 품질을 예측할 수 있는 상품평과 별점 등의 피드백 고리를 만들어야 한다. 또한 소셜 미디어형 플랫폼이라면 음란 컨텐츠, 도박과 같은 사행성 컨텐츠를 막을 수 있는 체계가 필요하다. 이러한 규칙을 어겼을 때는 과감하게 퇴출시킴으로써 긍정적 네트워크 효과가 지속적이고 극대화될 수 있도록 해야 한다. 이러한 모든 활동과 거버넌스는 부정적 네트워크 효과를 억제하고 긍정적 네트워크 효과를 극대화하는 역할을 하며 그러한 과정을 통해 플랫폼을 통해 상호작용을 극대화할 수 있는 것이다.

네트워크 효과의 특징

네트워크 효과와 관련하여 또 한가지 생각해야 할 것은, 네트워크 효과는 네트워크의 크기에 반드시 비례하는 것은 아니라는 것이다.

전세계 페이스북의 월간 활성사용자Active User 수는 29억3400만명, 유튜브의 월간 활성이용자 수는 20억명이 넘는 것으로 추산된다. 참고로 활성사용자란 활동성이 전혀 없는 죽은 계정이 아닌, 일정 수준 이상으로 활동을 하는 사용자를 의미하므로, 20억명, 30억명에 이른다는 사용자 수는 정말 엄청나게 큰 네트워크가 아닐 수 없다. 하지만, 이러한 어마어마하게 많은 사용자가 나 자신과는 얼마나 연결되어 있을까? 곰곰이 생각해보면 사실 크게 연결성이 없다. 아마도 대부분 사람들이 유사할 것 같은데, 페이스북과 같은 소셜 네트워크에서 일반적인 경우라면 나와 직접적으로 연결되어 연락할 수 있는 사용자 수는 많아야 100여명 정도 일 것이다. 유튜브의 경우라면 내가 관심이 있는 컨텐츠 분야는 정말 많아봐야 10개 정도일 것이며, 하나의 분야에 10명을 구독신청을 했다고 하더라도 해봐야 100명의 크리에이터와 연결이 되어 있는 것이다. 즉, 10억 명이든, 20억 명이든 전체 사용자의 수는 사실 나와는 크게 관계가 없다는 의미이다.

이러한 디지털 네트워크 특성과 관련하여, 디지털 네트워크 3대 법칙중 하나인 네트워크에서의 활동성은 실제 네트워크의 크기보다는 나와 실제로 연결되어 있는 사람의 숫자가 중요하며, 이것을 '그룹'이라는 개념을 사용하여 설명하였다. 이것은 네트워크의 '크기'보다는 실제로 나와 연결되어 있는 '밀도'의 중요성을 강조한 것으로, 네트워크 상 10억 명보다는 내 주변에 10명이 더 중요하다는 의미이다. 이러한 관점에서 보면 전체 네트워크에 있는 모든 참여자가 동등한 가치를 지니는 것은 아니며, 나와의 연결성 정도에 따라 그 가치가 달라지는 것이다. 즉, 네트워크의 '크기'보다는 네트워크 상 상호작용의 '밀도'가 더 중요한 개념이다. 다르게 표현하자면, 네트워크의 규모가 크고 느슨한 것보다는, 상대적으로 작더라도 실제로 상호작용하는 밀도가 높은 것이 네트워크로서 그 가치가 더 높다는 것이다. 예를 들어 2000년대 대표적 SNS인 싸이월드를 생각해보면 쉽게 알 수 있다. 싸이월드는 서비스 시작과 함께 메가톤급으로 성장을 이뤘고, 2000년대 후반에는 국내에서 4천만영이 사용할 정도로 엄청난 성공을 거두었다. 한창때인 2012년에는 도토리만으로 1천억원의 수익을 낼 정도였다. 하지만 스마트폰 문화에 적절하게 대응하지 못한 싸이월드는 이제 그 명맥만 유지하고 있을 뿐이다. 단지, 네트워크 '크기'만을 봤을 때 싸이월드는 여전히 국내에서 순위에 들 정도로 큰 규모이지만, 활동성에 해당하는 '밀도' 측면에서 본다면 아쉬움이 있다.

2000년대 대표적 SNS

앞선 사례들을 생각해볼 때, 실질적인 네트워크 효과가 발생

하기 위해서는 네트워크의 크기를 키우기 전에 먼저 상호작용의 밀도를 높일 수 있는 것부터 고민해야 한다는 결론을 내릴 수 있다. 구체적인 사례로, 우버가 사업 초기 상호작용의 밀도를 높이기 위해 어떠한 전략을 사용했는지 살펴보자. 우버는 샌프란시스코를 중심으로 첫 서비스를 시작하였다. 일단, 차량공유를 위한 차량 제공자와 해당 차량을 이용할 이용자가 많을 것으로 생각되는 도시지역을 첫 타깃으로 정하였다. 우버가 가장 먼저 한 것은, 상호작용의 안착을 위해 실제 거래의 발생뿐만 아니라 차량공유가 활성화될 수 있도록 차량 공유자에게 직접적인 현금지원을 제공하고, 차량공유 개념을 알리기 위해 다양한 홍보마케팅을 수행하였다. 우버는 샌프란시스코에서 서비스가 어느정도 안착되었다고 판단한 후 다른 도시로 서비스를 확대하였다. 즉, 상호작용의 밀도가 높아졌다고 판단된 후, 다른 도시로 확대하여 네트워크의 크기를 키웠다. 페이스북 또한 동일한 전략을 적용하였다. 페이스북은 널리 알려진 대로 하버드 대학의 이메일 주소를 갖은 사람만 회원으로 가입할 수 있는 소셜 미디어였다. 이후 한달 뒤인 2004년 3월에는 예일대학, 콜롬비아 그리고 스탠포드까지 가입할 수 있도록 확대하였고, 그 이후 아이비리그 대학, 매사추세츠 공과대학, 뉴욕 대학교 그리고 미국 및 캐나다의 대부분 대학교로 영역을 확대하였다. 2005년 말에는 2천개 이상의 대학과 2만5천개 이상의 고등학교가 페이스북 네트워크에 참여하였다. 우버와 페이스북 사례와 같이 플랫폼이 성공하기 위해서는 네트워크의 '밀도', 즉 상호작용의 활동성을 키우고 난 후 네트워크의 크기를 확대해야 실질적인 성장이 가능하다.

크리스 앤더슨Chris Anderson은 지난 2009년 출간한 "free: the future of a radical price(한국 도서명 - Free: 비트 경제와 공짜 가격이 만드는 혁명적 미래)"에서 시장 지배사업자가 되기 위해서는 시장점유율의 확보가 가장 중요함을 강조하였다. 시장점유율 확보를 위해서 상품이나 서비스의 가격을 '공짜'로 제공하여 소비자의 접근성을 극대화하고, 고급 옵션을 별도로 두어 프리미엄 서비스를 통해 매출을 확보하는 방식으로 해야 기업이 빠르게 성장하고 이익도 증가할 수 있다고 주장하였다. 이러한 주장은 한때 큰 호응을 얻어 말 그대로 '공짜점심'과 같은 유형으로 많은 도서와 컨설팅에서 활용되었다. 하지만, 최근 비즈니스 트렌드를 보면 이러한 오로지 시장점유율만을 위한 전략은 그 설득력에서 한계가 있다고 보고 있다. 이유는 간단하다. 크리스 앤더슨의 전략을 기반으로 확보된 시장점유율은 실질적인 시장점유율이 아닌 "가짜" 점유율이기 때문이다. 만약, 무료로 제공하는 상품과 서비스가 종료된다면 소비자는 어떤 결정을 내릴까? 아마도 그 소비자들은 원래 자신이 사용하던 상품이나 서비스를 다시 선택할 것이다. 이러한 예는 우리나라 2000년대 닷컴 붕괴에서도 볼 수 있다. 당시 시중의 엄청난 투자금이 벤처기업에 몰렸다. 그들이 큰 수익을 내줄 것이라고 믿었기 때문이다. 수많은 벤처기업들은 실질적인 비즈니스의 경쟁력을 높이는 것보다는 엄청난 마케팅 투자를 통해 회원수를 늘리는 것에 투자금의 대부분을 소진하였다. 회원을 모집하면 그들을 대상으로 무엇이든 할 줄 알았다. 하지만, 이러한 전략은 결국 닷컴 붕괴로 이어졌다. 사업의 본질적인 측면에서 내가 제공하고자 하는 상품 혹은 서비스가 시장에서 어떻게 쓰이고 어떠한 경쟁력이 있는지를 고민하기보다는, 단순히 시장점유율만을 더 중요하게 생각했기 때문이다.

플랫폼 비즈니스에서 가장 중요한 '네트워크 효과'를 극대화하기 위해서는 네트워크의 '밀도'를 중심으로 그 '크기'로 확대하는 전략이 필요한 이유이다.

네트워크의 진입장벽 전략

전통적 파이프라인 비즈니스에 비해 온라인 비즈니스는 상대적으로 그 진입장벽이 매우 낮다. 말그대로 사업의 아이디어와 개발자 그리고 서버만 있으면 누구나 사업을 시작할 수 있다. 그렇다 보니 경쟁 체계가 매우 복잡하고 항상 새로운 경쟁자가 나타난다. 플랫폼 비즈니스는 기본적으로 온라인 비즈니스에 해당하기 때문에, 항상 새로운 경쟁자와 맞닥뜨리게 된다. 사용자를 플랫폼에 최대한 머무르게 만들어야 하는 플랫폼 비즈니스로서는 여러 경쟁 플랫폼이 쉽게 생긴다는 것이 큰 위험요소가 아닐 수 없다. 이러한 이유 때문에 플랫폼 비즈니스에서 항상 언급되는 전략이 바로 '멀티호밍 차단'이다.

멀티호밍Multi-Homing이란 기본적으로 여러Multi 집Home을 자유롭게 이용한다는 의미를 갖는다. 참고로 컴퓨터 분야에서는 여러 네트워크 간 인터페이스를 구성하여 필요에 따라 자유롭게 연계한다는 의미로도 사용된다. 이러한 개념이 플랫폼 비즈니스에 적용되면서 사용자가 여러 경쟁사 플랫폼을 동시에 사용하는 개념으로 확대되었다. 당연히 플랫폼 비즈니스에서는 최대한 다른 경쟁사의 플랫폼을 사용하지 못하도록 제한을 두어야 하기 때문에 멀티호밍 제안을 위한 전략을 고민해야 한다.

멀티호밍 차단의 국내 사례를 보자. 배달앱 점유율 2위인 요기요는 다른 배달앱과의 멀티호밍 문제를 해결하기 위해 '배달의민족'을 4조 8천억에 인수한다고 발표하였다. 하지만, 2021년 공정거래위원회는 인수합병을 승인하는 조건으로 6개월 내 요기요를 매각하라는 결정을 내렸다. 요기요의 운영사인 딜리버리히어로Delivery Hero 입장에서는 요기요를 애써 어렵게 키워왔지만, 무섭게 따라오는 쿠팡이츠를 견제하고 점점 격차를 벌이고 있는 1위 기업 '배달의민족'과의 차이를 고민한 끝에 결국 요기요를 매각하기로 결정하였다. 결과가 어찌 되었든 딜리버리히어로 입장에서 '배달의민족'을 인수하기로 결정했던 배경은 바로 멀티호밍 문제를 해결하여 보다 안정적으로 사업을 진행하기 위해서였다. 이러한 멀티호밍이 발생하는 기본적인 전제조건은 다른 플랫폼으로 이동하는데 비용이 낮을 때 활성화된다. 예를 들어 쿠팡 이용자가 11번가 혹은 티몬으로 옮겨서 쇼핑을 하는데 아무런 추가 비용이 들지 않으며, 또한 페이스북 이용자가 트위터를 사용하는데 아무런 제약이 없다.

해외사례에서도 멀티호밍 차단 사례를 흔히 볼 수 있다. 우리가 잘 알고 있는 어도비Adobe사의 플래시 프로그램은 애니메이션뿐만 아니라 오디오 및 비디오의 재생 그리고 게임을 실행시킬 수 있는 기능을 갖고 있다. 개발자와 사용자에게 폭넓게 사용되던 플래시에 대해, 애플이 iOS에서는 더 이상 사용할 수 없다고 발표한 이후 큰 이슈가 되었다. 생각보다 문제가 되자 스티브 잡스는 '플래시에 대한 생각Thoughts on Flash'라는 입장문을 통해 플래시는 심각한 보안문제와 함께 모바일 장치의 성능을 저하시키는 문제로 인해 더 이상 지원하지 않는다고 발표를 하였다. 표면상으로는 기술적 이슈로 인해 소비자를 보호한다는 차원의 결정이라고 발표하였으나, 실질적인 이유는 안드로이드, 윈도우 그리고 맥 등에서 가리지 않고 실행되는 플래시가 애플만의 특수성을 없애 버린다고 생각해서 마음에 안 들었던 것이다. 스티브 잡스가 원했던 것은 애플만의 고유한 생태계를 원한 것이다. 사용자 입장에선 어느 운영체계OS: Operating System에서든 사용할 수 있도록 멀티호밍을 원하지만, 애플 입장에서는 자신들만의 세계 안으로 사용자들이 들어와서 싱글호밍Single-Homing이 되기를 원한 것이다. 이러한 유사한 사례는 또 있다. 중국 소셜 커머스의 절대강자인 알리바바는 중국의 네이버라고 할 수 있는 바이두Baidu에서 자사 제품이 검색되지 않기를 원했다. 언뜻 생각해보면 이해가 안 되는 결정이다. 우리 입장에서 생각해보면, 쿠팡이나 11번가, 티몬에서 판매되는 제품들이 네이버에서 검색이 안되도록 한다는 말이기 때문이다. 알리바바 입장에서는 광고수익이 매우 중요하기 때문에, 사용자들이 바이두를 통해서 원하는 상품에 직접 접근하기보다는 알리바바 홈페이지를 통해서 상품을 검색하여 구매하기를 원했다. 마윈의 전략은 효과를 거두어 실제 홈페이지를 통해 제품을 검색하고 구매하는 고객의 수는 증가하였고, 이에 따라 광고수익도 크게 증가를 하였다. 이러한 전략이 가능했던 이유는 무엇보다 고객과의 직접적인 상호작용에 자신감이 있었기 때문이라고 할 수 있다. 또 다른 대표적인 예는 비디오 게임시장에서 각 콘솔 간 기술적 호환성을 배제하고, 자신들만의 게임 생태계를 만드는 것이다. 마이크로소프트의 엑스박스Microsoft Xbox, 소니 플레이스테이션SONY PlayStation 그리고 닌텐도 스위치Nintendo Switch가 대표적인데, 자사 플랫폼에서만 사용할 수 있는 게임 컨텐츠를 구축하여 상호 멀티호밍을 제한시키고 있다.

사실, 이러한 멀티호밍 차단은 플랫폼 비즈니스 외에도 여러 산업에서 사용하는 사업전략의 하나이다. 사업자 측면에서는 시장 지배사업자가 되기 위한 훌륭한 전략이긴 하지만, 소비자 입장에서는 자율적 선택에 제한을 주는 것으로 이슈가 될 소지가 있다. 따라서 공정거래위원회는 시장 지배사업자의 이러한 경영활동은 소비자에게 피해가 돌아갈 것이라 판단하여, 2021년 행정예고를 통해 온라인 플랫폼 사업자의 주요 경쟁제한행위 유형 정의와 함께 심사지침을 공표하였다.

공정거래위원에서 발표한 상기 온라인 플랫폼 사업자 경쟁제한행위 관련하여 구체적인 예를 들어보면, 검색결과 상단에 자사 상품을 우대 배치하거나, 입점 업체가 경쟁사 플랫폼을 이용하는 행위를 방해하거나, 또는 입점 업체에 경쟁사 대비하여 최저가를

온라인 플랫폼 사업자의 주요 경쟁제한행위 유형

유형	주요 내용	주요 경쟁제한 효과
멀티호밍 제한	자사 온라인 플랫폼 이용자의 경쟁 온라인 플랫폼 이용을 직·간접적으로 방해	온라인 플랫폼 시장의 독점력 유지 강화
최혜 대우 요구	자사 온라인 플랫폼 상의 거래조건을 타 유통 채널대비 동등하거나 유리하게 적용하도록 요구	
자사우대	자사 온라인 플랫폼 상에서 자사 상품 또는 서비스를 경쟁사업자의 상품·서비스 대비 직·간접적으로 우대	온라인 플랫폼 시장의 독점력을 지렛대leverage로 연관시장까지 독점화
끼워팔기	온라인 플랫폼 서비스와 다른 상품 또는 서비스를 함께 거래하도록 강제	

보장하도록 강요하는 요구 등을 대표적인 사례라고 할 수 있다.

2022년 10월 카카오 먹통 사태가 발생했는데, 시장의 지배사업자가 우리 사회에 얼마나 큰 피해를 줄 수 있는지를 경험한 사례라고 할 수 있다. 정부는 이러한 사회적 이슈를 야기하는 독과점 기업에 본격적인 제재를 가한다는 기사가 연일 매스컴에 나왔다. 멀티호밍을 제한하는 활동은 분명 불법의 여지는 있지만, 플랫폼 비즈니스를 하는 기업에 입장에서는 반드시 고려해야 할 요소이긴 하다. 법 테두리 안에서의 플랫폼 비즈니스의 성장을 위해 다양한 아이디어에 대한 고민이 필요하다.

플랫폼 비즈니스 성공을 위한 고려사항

어느 면을 먼저 고려할 것인가?

플랫폼 비즈니스에는 양면시장이 존재하며, 이 양면시장은 소비자 집단과 생산자 집단으로 구분된다고 이미 설명하였다. 여기서 소비자와 생산자 모두를 각각 집단이라고 표현한 이유는 소비자도 생산자도 각각에서 여러 유형이 존재하기 때문이다. 이것을 다르게 표현하면 플랫폼 비즈니스가 성공하기 위해서는 소비자 집단과 생산자 집단에서 활발한 상호작용이 있어야 하고, 그러기 위해서는 동시에 두 개의 집단이 존재해야 하며, 각 집단에서는 여러 유형이 있어야 한다는 것을 의미한다. 복잡해 보이지만 쉽게 설명해보자. 쿠팡에 판매자가 1백만명인데 반해 구매자가 단지 1만명에 그친다면, 혹은 반대로 판매자가 단지 1만명이고 구매자가 1백만명이라면 어떻게 될까? 판매자가 1백만명의 경우라면 구매자가 얼마 없어서 상품이 잘 안 팔릴 테니, 판매자는 자연스럽게 다른 소셜 커머스를 찾아 떠날 것이다. 반대로 구매자가 훨씬 많은 경우라면 살 만한 물건이 없는 죽은 쇼핑몰이라 생각하고 구매자는 상품이 많은 다른 소셜 커머스를 찾아 떠날 것이다. 이렇듯 플랫폼 비즈니스가 성공하기 위해서는, 즉 건전한 상호작용이 발생하기 위해서는 소비자 집단과 생산자 집단이 동시에 그리고 서로 많이 존재해야만 한다.

이와 관련된 글로벌 사례를 살펴보자. 2011년 빌 응우엔Bill Nguyen은 '컬러Color'라는 사진공유 플랫폼을 창업하였다. 이 앱의 특징은 다른 소셜 미디어형 플랫폼과 다르게 사용자 이름과 같은 개인정보를 요구하지 않고, 친구맺기 또는 팔로우 같은 기능 없이 사용자 주변 50미터 안에 있는 다른 사용자와 익명으로 실시간 사진을 공유하는 플랫폼이다. 이제까지 존재하지 않던 새로운 서비스를 제공한다는 입소문을 타고 당시 많은 투자자들이 구름같이 몰려들었으며 단번에 4,100만 달러, 한화로 500억이 넘는 투자금을 유치했다. '이제는 페이스북도 필요없다'라는 말들이 오고 가며 극찬을 하였다. 당연히 매스컴에서도 많은 관심을 가졌고 '컬러'도 대대적인 광고를 하였다. 이러한 마케팅 덕분에 2011년 3월 24일 앱이 처음 출시되었을 당시 앱스토어 순위가 2

위까지 오르며 많은 관심을 보였다. 하지만 그 인기는 단지 거기까지였다. 많은 광고와 매스컴의 관심으로 인해 사용자들이 출시와 함께 앱을 다운받았지만, 막상 들어가보니 컨텐츠 하나 없이 텅 비어 있었다. 그러다보니 사용자들은 앱스토어에 별점 평가에 한 두 개의 평가만 등록하였고, 소문난 잔치에 별것 없다는 이야기가 빠르게 번졌다. 특히 사진을 공유하는 거리가 단지 50미터라는 기준은 매우 밀집된 도시 지역만 적용이 가능하다는 치명적인 단점이 다른 사용자들로 하여금 불만으로 작용하였다. '컬러' 입장에서는 앱을 출시만 하면 성공할 수 있을 것이라고 오판을 했을 것이다. 이미 매스컴에 노출이 많았고 마케팅 또한 많은 투자를 했기 때문이다. 하지만, 컨텐츠를 읽는 소비자는 많이 모

빌 응우엔Bill Nguyen의 Color

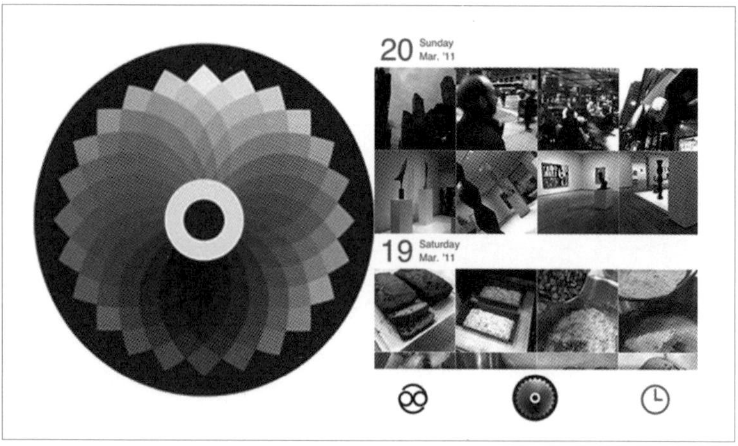

았지만, 컨텐츠를 생성하는 생산자를 어떻게 모을 것인가에 대한 전략이 부족하였다. 그들이 실패라고 알게 되기까지 며칠 걸리지 않았다.

그럼 이쯤에서 고민이 될 것이다. 소비자 집단과 생산자 집단 중 어느 집단이 더 중요할까? 플랫폼 비즈니스를 시작하는 시점에서 어느 집단을 먼저 육성해야 플랫폼이 안착될 수 있을까 말이다. 일명 '닭이 먼저냐 계란이 먼저냐'의 문제라고 할 수 있다.

사용자나 판매자 입장에서 플랫폼에 방문할 가치를 못 느낀다면 그 플랫폼은 존재할 가치가 없는 것이다. 망하는 플랫폼은 모두 이 '내가 방문을 해야 하는 가치'를 만들지 못했기 때문이다. 그런데 이러한 가치는 상호의존적이라는 특징이 있다. 어느 한 편이 존재한다고 해서 가치가 저절로 생성되는 것이 아니라, 서로가 상호작용을 하고 서로 의존적인 상태에서 가치가 발생한다는 것이다. '닭이 먼저냐 계란이 먼저냐'의 문제에 답이 나온 것 같다. 답은 바로 어느 면을 먼저 고려하기보다는, 양면을 모두 함께 동시에 육성시켜야 플랫폼 비즈니스가 성공할 수 있으며, 따라서 이를 위한 전략이 반드시 필요하다. 양면을 모두 육성시키기 위한 전략으로 여러 플랫폼 관련 도서에서 그 유형을 정의하고 있으나, 필자는 개인적으로 여러 유형을 나누어 분류를 한다는 것이 크게 의미가 없다고 생각한다. 기본적인 패턴을 기준으로 자신이 처한 상황과 플랫폼이 추구하고자 하는 방향성을 고려하여 응용하여 전략을 세우는 것이 더욱 현실적인 방안이라 생각한다.

양면시장을 모두 육성시키기 위한 기본적인 전략 방향성은 한쪽면에는 투자를, 또 다른 한쪽면에는 마케팅을 중심으로 양쪽면을 동시에 활성화시키는 것이다. 앞에서 언급하였지만, 반드시 이렇게 해야 한다기보다는 이러한 컨셉을 바탕으로 만들고자 하는 플랫폼에 맞게 변형하여 적용하면 된다. 예를 들어 한쪽면에 투자와 마케팅을 병행하여도 되며, 양쪽 모두에 투자와 마케팅을 함께 진행해도 무방하다. 중요한 것은 어떻게 끌어모으고 지속적으로 활동할 수 있도록 부스팅Boosting을 해줄 것인가이다.

양면시장 육성의 전략패턴

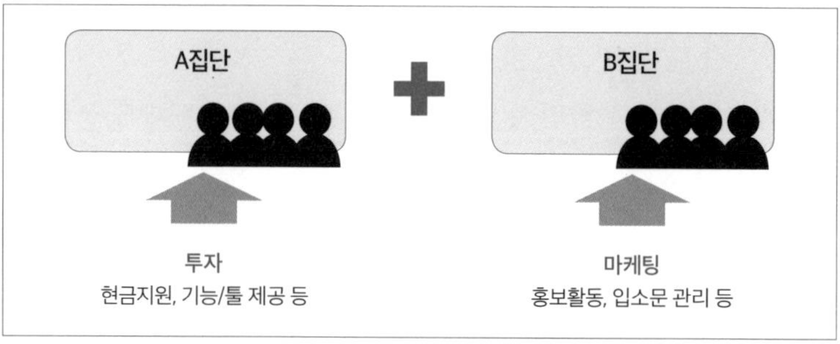

우선, 한쪽면에는 일정한 투자를 통해 해당 집단이 형성될 수 있도록 한다. 이 한쪽면이 생산자 집단이든 소비자 집단이든 상

관이 없으며, 투자를 통해 육성하기에 가능성이 높은 쪽을 선택하면 된다. 투자는 직접적인 현금지원이 대표적인 방법이지만, 플랫폼의 참여자의 활동성을 높일 수 있는 기능을 제공하거나 툴 제공 등도 이에 해당된다. 다른 쪽에는 직접적인 투자보다는 마케팅 측면으로 육성한다. 한쪽면에 직접적인 투자를 통해 시장이 생겼을 것이라고 예측되니, 다른 한쪽면에 이것을 홍보하여 실제 상호작용이 양방향으로 발생할 수 있도록 하는 것이다.

국내 사례를 들어보자. 배달앱의 선두주자인 배달의민족은 처음부터 지금과 같은 플랫폼 비즈니스 모델을 생각하면서 사업을 진행하지는 않았다. 사업을 처음 시작할 당시인 2011년 전화번호부 앱은 누구나 사용하지 않을까라는 생각에서 사업을 시작하였다. 하지만, 생각보다 그 사용빈도가 낮았고 무엇보다 수익모델이 모호하다는 고민이 있었고, 시선을 돌려 배달이라는 아이디어로 사업방향을 전환하였다. 무자본으로 창업을 했기 때문에 투자비용을 마련하지 못한 배달의민족은 한쪽 면, 즉 생산자에 해당하는 음식점 정보를 만들어내기 위해 새벽에 오피스텔과 아파트 단지를 직접 돌면 전단지를 줍고 일일이 어플리케이션에 전단지 정보를 등록하였다고 한다. 새로운 시장을 만들어 가는 단계이므로 당연히 수수료는 없었다. 결제 또한 인앱 결제모드가 개발되기 전이기 때문에 주문이 들어오면 직원이 직접 매장에 전화를 걸어 배달주문을 하기도 하였다고 한다. 그러는 사이 또 다른 쪽 면, 그러니깐 소비자에 해당하는 집단을 형성하기 위해 치믈리에 캠페인Chimmelier Campaign, 무료 폰트제작 배포, 배민 신춘문예 등의 독특한 마케팅을 지속적으로 진행하였다. 조금씩 사업이 성장한 시점부터는 영업사원이 매장을 돌며 매장정보를 상단에 노출시켜주는 유료광고로 전환하도록 전국을 돌며 영업을 진행하였다. 이렇듯 배달의민족은 생산자 집단(음식점)과 소비자 집단(음식 주문자) 양면을 모두 성장시킬 수 있는 전략을 적용하였다.

또 다른 사례를 보자. 국내 대표적인 소셜 커머스인 쿠팡 또한 사업 초기에 한쪽 면을 직접적으로 육성하기 위해 많은 노력을 하였다. 쿠팡이라는 단어는 '쿠폰이 팡팡 쏟아진다'라는 의미로, 여러 상품과 함께 동네에 있는 일반 음식점의 할인쿠폰도 제공하였다. 인지도가 낮았던 쿠팡은 직원들이 직접 동네 음식점을 돌아다니며 할인쿠폰을 발행하도록 영업하였다. 이러한 사례는 비단 국내에만 국한되지 않는다. 마이크로소프트는 엑스박스를 출시할 당시 게임의 생산자인 개발사와 게임 소비자인 게이머의 양면시장을 만들기 위해 초기 5억달러를 투자하였으며, 게임 개발자에게 직접적으로 현금지원을 통해 개발을 독려하였다. 우버 또한 비슷하게, 사업 초기 양면시장을 만들기 위해 공유차량을 제공하는 운전자에게 현금을 직접 지원하여 승차요청을 받도록 차량을 대기시켰다. 운전자 입장에서는 실제 운전을 하지 않아도 수입이 들어오기 때문에 마다할 이유가 없었다. 이렇게 투자를 한 이유는 차량을 이용하는 소비자가 우버에서 차량을 검색할 때 대기중인 차량이 많이 있고, 이를 이용하면 상대적으로 저렴하게 이동할 수 있다는 것을 입소문이 나도록 하기 위한 것이다. 차량 소유자(생산자 집단)는 콜이 없어도 현금지원을 받기 때문에 차량을 대기시키고 있고, 차량을 이용하는 손님(소비자 집단)에게는 마케팅을 통해 우버에 접속하도록 한 것이다. 물론, 수요가 충분히 확보된 이후에는 운전자에게 제공되던 현금지원은 없어졌다. 에어비앤비의 경우에는 직접적인 현금지원 보다는 플랫폼에서 활동을 편안하게 해주기 위한 방법을 선택하였다. 숙소를 보유한 집주인을 위해 멋있게 사진을 촬영하는 방법과 이미지를 보정하는 도구를 무료로 제공한 것이다. 에어비앤비에서는 사진만을 보고 숙소를 예약하기 때문에 사진을 잘 꾸밀수록 예약횟수가 올라가는 것은 당연하다. 이러한 도구는 숙소 공유자인 생산자 집단에 투자한 사례라고 할 수 있다.

건전한 상호작용을 위해 플랫폼 비즈니스에서 가장 중요한 요소 중에 하나가 바로 '입소문'이다. 이것은 누가 시키지 않아도 사용자가 또 다른 사용자에게 스스로 확산시키는 것으로, 모든 플랫폼 비즈니스에서 최고의 성장 메커니즘에 해당된다. 대표적인 예가 바로 인스타그램이다. 인스타그램은 사실 이전에는 존재하지 않았던 완전히 새로운 개념의 소셜 네트워크는 아니다. 그전에도 사진을 올리는 소셜 네트워크는 존재하였다. 이러한 상황에서도 인스타그램은 큰 성공을 이루었다. 더욱 특이한 것은 단 한 명의 전문 마케팅 인력이 없었는데도 말이다. 인스타그램은 페이스북이 그랬던 것처럼 외부 네트워크와 공유할 수 있도록 구성하기는 했지만, 기본적으로 입소문을 기반으로 성장하였다. 플랫폼 비즈니스에서의 입소문은 우리가 흔히 알고 있는 마케팅 기법의 입소문과는 다소 차이가 있다. 플랫폼 비즈니스에서의 입소문은 본 챕터의 '플랫폼 본질에 대한 생각'에서 설명했던 '가치단위Value Unit'를 사용자가 직접 전달한다는 것이 특징이다. 이러한 과정을 통해 긍정적 피드백 고리Positive Feedback Loop와 함께 긍정적 상호작용을 가능케 하는 것이다.

자율성이 보장된 통제 거버넌스

우리의 일상생활에는 서로가 함께 약속한 규칙이 존재하고, 우리는 그 속에서 살아간다. 이러한 규칙을 너무나 당연하게 여겨서 강제적 법칙이라고 생각하지 않고, 그저 생활의 일부분이라고 받아들인다. 단순한 예로, 우리는 다른 사람의 돈을 훔치지 말아야 하며, 안전을 위해 무단횡단을 하지 말아야 한다 등이 일반적인 사회 규칙들이며, 우리 사회를 떠받치고 있는 기본이라고 할 수 있다.

플랫폼에서도 이러한 규칙이 존재한다. 앞에서 살펴본 바와 같이 페이스북의 월간 활성사용자 수는 29억3400만명, 유튜브의 월간 활성이용자 수는 20억명이다. 실제 등록된 계정을 본다면 이보다 더 많을 것이다. 유럽의 인구수가 약 8억2천만으로 추산되니, 유럽 전체를 몇 개 합친 인구와 비슷할 정도이다. 세계 검색시장을 살펴보자. 국내의 경우만 특이하게 네이버가 약 65%의 시장점유율을 보이고 있을 뿐, 전세계적으로 구글이 90% 이상을 차지하고 있다. 실로 엄청난 숫자이다. 그런데 만약 이렇게 지배적인 환경 그리고 매우 많은 사용자가 사용하는 플랫폼에서 참여자 간 상호작용의 규칙이 없다고 가정해보자. 아마도 앞에서 살펴보았던 챗룰렛의 예처럼 부정적 네트워크 효과가 걷잡을 수 없을 정도로 발생하여 금세 버림받는 플랫폼이 될 것이다.

따라서 플랫폼을 운영하는 기업은 플랫폼에 참여하는 사람들에게 최대한 자유를 주되, 자기 맘대로 행동하지 못하도록 제약을 주어야 하며, 이것은 모든 참여자 집단에게 공정하고 모두가 만족스럽게 상호작용을 일으킬 수 있는 방향으로 지원해야 한다. 자유를 주되 제약을 가한다는 말이 앞뒤가 안 맞는 '모순'된 의미로 받아들일 수 있지만, 이것은 오히려 더욱 '합리'적 표현이라 생각한다. 통제된 환경에서의 자유라는 의미가, 우리의 모든 생활이 서로가 합의한 규칙 속에서 돌아간다는 것을 생각해

보면 쉽게 이해가 갈 것이다.

그럼 플랫폼에서 '자율성이 보장된 통제된 거버넌스'는 어떤 것이 있을까? 사실 이 부분에 대해 명확한 기준을 제시하고 싶지만, 모든 플랫폼의 상황과 참여자들의 역할이 다르고 추구하고자 하는 가치가 상이한 상태에서 획일적 규칙을 제시하는 것은 의미가 없다고 생각된다. 따라서 본 도서에서는 '자율성이 보장된 통제된 거버넌스'를 수립할 때 어떠한 기준으로 고민해야 하는지를 중심으로 기술하고자 한다.

거버넌스를 수립할 때에는 크게 두 가지를 고려해야 하는데, 첫 번째로 플랫폼이 존재하는 이유라고 할 수 있는 각 참여자가 가치를 얻을 수 있는 방향으로 거버넌스를 수립해야 한다는 것이다. 페이스북과 같은 소셜 미디어형 플랫폼이라면 사람들과 정보의 상호작용을 목적으로 하기 때문에, 긍정적 네트워크 효과를 보장할 수 있는 기준들이 필요하다. 예를 들어 불건전한 컨텐츠인 경우 신고할 수 있는 기능과 함께 관리자는 임의로 컨텐츠를 삭제하고 해당 참여자의 참여기회를 박탈할 수 있는 권한을 가져야 한다. 또한 소셜 미디어형 플랫폼의 경우 광고수익이 매우 중요한 수익원이기 하지만 너무 많은 광고가 노출되거나 상단에 위치하지 않도록 해야 한다. 사용자 중심이 아닌 기업을 위한 방향으로 플랫폼을 운영한다면, 사용자들이 해당 플랫폼에 쉽게 피로감을 느끼기 때문이다. 마켓형 플랫폼이라면 허위매물에 대한 관리, 성인용 상품인 경우 별도의 인증과정을 통한 상품구매 프로세스 그리고 판매되는 상품의 품질을 공유할 수 있는 상품평 관리 체계 등 긍정적 피드백 고리Positive Feedback Loop를 위한 거버넌스를 만들어야 한다. 쳇룰렛의 경우가 이러한 기본을 지키지 못했기 때문에 단시간 내에 사라져간 플랫폼이 된 것이다.

두 번째로, 플랫폼을 운영하는 기업은 돈에 욕심을 내지 않는 거버넌스를 만들어야 한다. 참 아이러니한 개념이다. 기업이 존재하는 이유는 이윤 추구인데 돈을 욕심내지 말라고 하니 말이다. 보다 정확히 표현하자면 참여자의 가치를 훼손하면서까지 돈에 욕심을 내면 안 된다는 말이다. 일반적으로 플랫폼 사업자는 시장의 지배사업자가 될 때까지 수익을 내기가 쉽지 않다. 내가 제품을 직접 만들어 판매하는 것이 아닌, 말그대로 거래가 발생할 수 있도록 중개를 해주는 역할이기 때문이다. 일정 규모로 상호작용이 발생하기까지 대규모의 투자가 필요하고, 그 이후부터 여러가지 방식으로 수익구조를 가져가는데, 대표적인 방법이 수수료, 광고료, 프리미엄 서비스 등이다. 배달의민족 예를 들어보자. 배달의민족은 초기 시장에 안착하기 위해 무료로 서비스를 제공하였다. 이후 정액제로 월 8만 8천원을 받았는데, 이는 사용자가 음식을 검색할 때 상단에 노출시키는 광고료 명목이었다. 그러던 중 2020년부터 정액제가 아닌 정률제로 바뀌면서 음식 주문액의

5.8%를 수수료로 부과하고 대신 광고료는 받지 않았다. 배달의민족은 이러한 개편이 '영세 자영업자에게 광고료를 받지 않음으로써 더욱 공정한 방식으로 개편되었다'라고 설명하였다. 하지만 어느 누구도 그 말을 그대로 믿는 사람들은 없었다. 2022년에는 요금제를 개편하여 '기본형 요금제', '배달비 절약형 요금제', '통합형 요금제'로 구분하였으며, '기본형 요금제'의 경우 중개수수료가 6.8% 그리고 배달비 6천원을 부과하였다. 이러한 기준일 때 손님이 1만원어치 음식을 주문하면 자영업자에게 돌아가는 순수익이 대략 680원 정도 발생한다고 한다. 상황이 이렇다 보니 자영업자와 라이더는 배달의민족에게 '배신'이라는 단어를 써가며 강하게 반발하고 있고, 이러한 문제는 사회적 이슈로 붉어지기도 하였다. 비단 이러한 사례는 배달의민족에만 해당하는 것은 아니다. 시장 지배사업자가 되는 순간 이전의 '착한 모습'은 온데간데없고 오로지 돈을 위해 달려간다. 이러한 모습을 보일수록 플랫폼을 바라보는 시장의 시선은 냉담해지고 반감을 갖게 할 것이다. 사회적 분위기로 인해 정치권에서도 슬슬 독과점 규제를 꺼내 들며 압박을 가하고 있는 상황이다. 누가 봐도 뻔히 예상되는 이러한 과정이 정말 옳은 방향인지 우리 스스로 고민해 볼 필요가 있다고 생각한다. 기업이 존재하는 이유는 당연히 이윤추구이지만, 그 이전에 사회적 가치에 대해 고민해야 하는 것처럼, 플랫폼을 운영하는 기업 또한 '돈'에 집착하지 말고 플랫폼에 참여

하는 참여자에게 어떠한 가치를 실현시킬 것인지, 그러한 가치가 훼손되지 않는 선상에서 어떻게 수익을 발생할 수 있을지를 고민해야 한다. 그것이 플랫폼이 존재하는 이유이다.

플랫폼 실패 사례분석

⇄

시장에는 생산과 수요가 한정되어 있는데, 새로운 플랫폼은 지속적으로 출현하고 있다. 이커머스 시장을 생각해보자. 이미 기존 시장의 강자가 있는데도 불구하고 새로운 플랫폼 기업은 끊임없이 출현하고 있다. 마켓컬리Marketkurly가 그러했고, SKT의 T딜T Deal도 그러하다. 플랫폼 비즈니스의 기본은 새로운 상품을 만들어 판매하는 것이 아니라, 이미 존재하는 상품을 기존 고객과 중개를 해주는 비즈니스이다. 앞서 언급한 것처럼 시장의 규모가 어느정도는 정해져 있다는 의미다. 이러한 상황에서 새로운 사업자가 나타났다는 의미는, 한마디로 '땅따먹기'식으로 서로의 땅을 뺏기 위해 치열하게 싸우겠다는 것이다. 새로운 아이디어, 새로운 관점, 새로운 프로세스 그리고 새로운 상호작용 방식으로 무장한 신규 플랫폼은 선도기업Leading Company을 따라잡기 위해 밤을 새워가며 도전을 하고 있다. 문제는 이렇게 선도기업이 되었다고 해서 지속적으로 경쟁우위에 위치하지는 않는다는 것이다. 숙소를 공유하는 에어비앤비는 전세계적으로 유명한 플랫폼이긴 하지만, 사실 에어비앤비(2008년) 이전에 유사한 유형의 플랫폼들이 있었다. 코넬대학교 출신 제니 워커Jay S. Walker가 설립된 부킹홀딩스(1997년)Booking holdings, 마이크로소프트 사내 벤처에서 시작되어 1997년에 분리된 익스피디아Expedia, 스테판 커퍼Stephen Kaufer가 보스턴에서 설립한 트립어드바이저(2000년)Trip Advisor 등이 대표적인 사례이다. 이러한 숙박 플랫폼들도 여전히 꾸준한 매출을 보이고 있으나, 현재로서는 후발주자인 에어비앤비가 선도기업에 위치에 있다. 또 다른 예로, 차량 공유형 플랫폼에서 가장 유명한 것은 우버이지만, 사이드카(2012)Side Car와 리프트(2012)Lyft가 가세하면서 다소 혼돈된 시장을 보이고 있다. 다만, 사이드카의 경우 2015년 폐업을 선언한 후 제너널모터스GM: General Motors가 인수를 발표하면서 반 우버 진영을 만들고 있는 상황이다. 사실 우버가 선도기업처럼 보이고 있는 것은 막대한 투자금을 바탕으로 돈을 물 쓰듯 차량 공유자에게 쏟아부어서 유지하는 것이지, 기술적으로 우위에 있거나 혹은 그들만의 긍정적 네트워크 효과를 만들어서가 아니다. 따라서 현재의 우위가 투자금을 소진한 3년 뒤, 5년 뒤에도 지금과 같은 선도기업을 유지할 것이라고 확신할 수 없는 상황이다. 이렇게 플랫폼 비즈니스는 먼저 사업을 시작했다고 해서, 그리고 현재 시장의 지배사업자라고 해서 그 지위가 영속되는 것은 아니다. 하나의 생명체처럼 태어나서 크게 빛을 못 보고 사라지기도 하고, 반대로 크게 성장하기도, 아니면 성장했다가 소리소문 없이 사라지기도 한다.

그럼 플랫폼이 사라지게 되는 경우에는 어떤 유형이 있는지 살펴보자. 플랫폼 비즈니스는 기본적으로 디지털 기술을 바탕으로 하지만, 기술적인 측면에서의 문제로 플랫폼 비즈니스가 실패하는 사례는 없다고 해도 과언이 아니다. 즉, 비즈니스 관점에서 보면 디지털 기술은 그 바탕이 되고 매우 중요한 요소임에는 틀림없지만, 플랫폼을 운영하며 네트워크를 만들고, 그리고 참여자 간 상호작용을 '만들어 가는 것'과는 별개의 것이라고 할 수 있다. 이러한 측면을 봤을 때 플랫폼의 실패원인으로는 크게 네 가지 정도로 볼 수 있다.

첫 번째는 자금력의 문제이다. 플랫폼은 상호작용이 발생하기 위해서는 적절한 크기의 네트워크가 반드시 생성되어야 한다. 땅따먹기 식으로 사업이 진행되다 보니 참여자들을 끌어들이고 플랫폼을 운영하는데 상당히 많은 비용이 든다. 쿠팡의 경우 2021년 매출이 무려 22조 4천억원인데도 불구하고 영업이익은 마이너스 1조8천억원에 이른다. 2010년에 창업하여 2022년 3분기에 처음으로 분기 흑자를 기록했을 뿐이다. 오로지 소프트뱅크의 투자금으로 물류센터를 짓고 회사를 운영하고 있다고 해도 과언이 아니다. 쿠팡과 같은 모델의 플랫폼을 만들어내기까지 소프트뱅크의 자금이 없었다면 지금의 쿠팡은 존재하지 않았다. 결국, 플랫폼 비즈니스는 일정 규모의 네트워크를 만들고 상호작용이 활발하게 일어났을 때 수익이 발생할 수 있으며, 그전까지는 막대한 투자금이 필요하다. 이러한 자금이 없다면 플랫폼 비즈니스는 반드시 실패하게 된다. 스스로 견뎌야 살아남을 수 있는 것이다.

두 번째는 네트워크를 만들지 못한 사례이다. 네트워크의 중요성에 대해서는 앞에서 이미 많은 설명을 하였다. 플랫폼 비즈니스에서 기본 중의 기본, 핵심 중의 핵심은 네트워크이며, 이러한 네트워크를 만들지 못한다면 플랫폼 비즈니스는 성공할 수 없다. 앞에서 살펴본 '컬러'와 '챗룰렛'이 그 대표적인 사례이다. 아무리 사회적으로 이슈가 되고 많은 사람들의 관심, 그리고 여러 투자자에게 높은 평가를 받았다고 하더라도 긍정적 네트워크를 만들어 내지 못하면 그 플랫폼은 하루아침에 사라지게 된다. 또한 양면시장에서 어느 면을 먼저 만든다고 해서 네트워크 효과가 발생하지 않으며, 양면 모두를 함께 성장시켜야 한다. 또한 '자율성이 보장된 통제된 거버넌스'를 통해 긍정적 네트워크를 만들어야 한다.

세 번째로 일정 규모의 시장 자체가 존재해야 한다. 플랫폼 비즈니스는 모든 산업에서 성공할 수 있는 것은 아니다. 플랫폼 비즈니스의 기본은 상품을 직접 생산하는 것이 아닌 단지 참여자 간 중개이기 때문에 중개할 상품 자체가 부족하면 비즈니스 자체가 성립될 수 없다. 제조업과 같은 장치산업 그리고 반도체와 같은 법적 제재와 보안 요구사항이 높은 산업은 플랫폼 비즈니스가 성공하기 불가능하다. 또한 플랫폼 비즈니스에서의 수익은 수수료 혹은 광고료의 형태이기 때문에 시장 자체가 크지 않다면, 수익 또한 그 규모가 작기 때문에 플랫폼을 운영할 수가 없다. 즉, 플랫폼 비즈니스가 성공하기 위해서는 그 시장 자체가 커야 하고, 만약 시장이 작다면 플랫폼 비즈니스가 아닌 파이프라인 비즈니스 형태의 사업이 성공할 수 있다는 의미이다. 예를 들어 이제는 사용하는 사람이 거의 없는 항아리를 유통한다든지, 최근 사양산업이라고 할 수 있는 인쇄업 등은 그 수요가 급격하게 줄어들고 있기 때문에 플랫폼 비즈니스의 아이디어가 아무리 좋다고 하더라도 성공할 확률이 매우 낮다.

마지막으로 법률과 같은 사회적 규제이다. 이것은 위 세 가지와는 다른 경우로, 시장에서 고객의 호응과 투자자에게 높은 기대를 받으며 상업적으로는 성공하였다고 하더라도, 법적인 문제로 인해 실패하는 경우를 말한다. 이러한 경우는 대부분 기존 시장의 반발로 인해 사회적으로 이슈화되면서 경제논리보다는 정치적 이슈로 비화되어 플랫폼이 좌초되게 된다. 최근 플랫폼 비즈니스 관련하여 가장 큰 사회적 이슈는 플랫폼 노동자에 대한 것이다. 기존 시장에서의 노동자가 플랫폼으로 인해 자신의 일자리를 잃고 결국 플랫폼 노동자로 전락하게 되는 것으로, 전세계적으로 다양한 법률적 제한을 만들고 있는 상황이다.

상기 네 가지 유형에 대해 구체적인 사례로 살펴보고자 한다.

1) 두고두고 아쉬움이 남는 '타다'

2014년 국내 택시 서비스에 뛰어든 우버, 2016년 택시보다 저렴하다는 카풀 방식의 플러스, 중고차 모바일 경매 플랫폼인 헤이딜러, 2018년 카카오의 카풀 서비스 등 2010년대에는 모빌리티Mobility 시장과 관련하여 기존 업계와 플랫폼 사업자간 갈등이 상당하였다. 갈등의 결론은 모두 동일한데, 정부와 자치단체로부터 고소와 고발로 이어졌고, 혁신적인 서비스 모델을 제시한 기업들은 문을 닫거나 또는 다른 방향으로 사업을 진행하였다.

플랫폼을 기반으로 운송서비스를 제공하는 비즈니스는 크게 세가지 유형이 있는데, 택시면허가 없이 차량을 운행하는 유형, 기존 택시를 확보하여 직접 서비스를 제공하는 유형, 그리고 고객과 택시를 중개해주는 유형으로 구분된다.

우리가 잘 알고 있는 타다의 경우는 첫 번째의 '운송 유형'에 해당된다고 볼 수 있는데, 타다의 사례는 두고두고 아쉬움이 남는다. 2018년 서비스를 시작한 타다는 기본적으로 11인승 카니

온라인 플랫폼 사업자의 주요 경쟁제한행위 유형

유형	서비스 방식	사업자
운송 유형	택시 면허가 없는 기사가 차량 운행 서비스 제공	파파모빌리티, 레인4, 고요한M
가맹 유형	플랫폼 기업이 택시를 직접 확보하여 차량 운행서비스 제공	카카오T블루, 마카롱 택시
중개 유형	고객과 택시간 중개를 통해 차량 운행 서비스 제공	카카오T

발 렌터카를 공유하는 카 세어링Car Sharing 서비스로, 제휴된 업체로부터 파견된 전문 운전기사를 지원받아 차량과 함께 운전 서비스를 제공해주는 방식이었다. 기존 택시의 경우 단거리 승차거부, 난폭운전, 흡연 또는 기사가 말을 걸어오는 등의 문제가 있었는데, 타다는 승객 중심의 서비스를 통해 시민들로 하여금 큰 호응을 얻어 빠르게 성장하였다. 하지만 기존 택시업계 종사자들은 타다의 불법적 영업행위로 인해 생존권이 위협받았다고 주장하면서 사회적으로 큰 이슈가 되었다. 타다 측에서 주장하는 법적 근거는 『여객자동차법』의 제4조, 제34조 그리고 『여객자동차법』 시행령 제18조를 들어 사업적 타당함을 주장하였다. 하지만, 기존 택시업계는 기존 콜택시 서비스와 동일한 경우이므로 면허 없이 사업을 하니 『여객자동차법』을 위반하였다고 강력하게 반발하였다. 하지만 법원은 '초단기 승합차 임대차'로 보는 것이 타당하다는 이유로 2023년 6월 1일 최종적으로 무죄를 선고하였다.

문제는 국회에서 2020년 3월 6일 본회의를 통과한 개정된 『여객자동차법』이다. 개정된 내용의 핵심은 11인승 이상 15인승 이하의 승합차로 영업을 하는 경우 '대여시간은 6시간 이하'이어야 하고, '운전기사는 반드시 관광목적으로만 운전이 가능'하며, '승합차 대여 및 반납장소는 공항 및 항만으로 제한'한다는 내용이었다. 또한 플랫폼 운송사업자들이 서비스를 하려면 사회적 기여금을 내야 하고 총량제를 두어 일정 규모 이상으로 확대도 불가능하도록 하였다. 단순히 산술적으로 계산을 해보면, 서울시 택시면허가 대당 7천5백만원인 경우 1,000대를 운영한다면 면허비로만 750억이 들고, 여기에 사회적 기여금까지 고려하면 웬만한 자금력을 보유한 기업이 아닌 이상 모빌리티 사업은 꿈도 꿀 수가 없는 구조가 되었다.

개정된 법률을 보면 '타다금지법' 보다는 '혁신금지법'이 더 어

모빌리티 서비스 – 타다

울리는 단어가 아닌가 싶다. 우리나라는 자동차 생산량만 볼 때 346만대를 생산하는 세계 5위의 경쟁력 있는 나라임에도 불구하고, 모빌리티 시장에서는 다양한 규제로 인해 후진국 수준에서 벗어나지 못하고 있다. 타다 서비스는 자율주행 기술을 기반으로 한 공유경제Gig Economy로 전환되는 과도기적 서비스라고 볼 수 있는데, 정치권의 무지에서 나온 규제가 시대적 흐름을 막았다고 볼 수 있다. 2020년 5월 1일 시행된 『자율주행차 상용화 촉진 및 운행 기반 조성에 관한 법률』과 타다 금지법 관련하여 운전자의 유무를 기준으로 봤을 때, 두 법안은 배치되는 부분이 있다. 더 큰 문제는 '제2의 타다' 문제가 현재 진행형이라는 것이다. 성형정보를 제공하는 '강남언니'는 대한의사협회와, 세금환급 서비스를 제공하는 '삼쩜삼'은 한국세무사회와, 비대면 의료 서비스를 제공하는 '닥터나우'는 대한약사회와, 그리고 부동산 중개 서비스를 제공하는 '직방'은 공인중개사협회와 사회적 이슈를 일으키고 있다.

필자 개인적인 생각으로는 이 '타다금지법'은 기존 영세한 자영업자를 보호하기 위한 조치라기보다는, 한 국가의 시대적 흐름을 방해한 법이라고 본다. 예전 정부에서 진행했던 자유무역협상FTP: Free Trade Agreement, 쌀 개방 그리고 경부고속도로 건설 등을 생각해보자. 협약 혹은 정책을 추진할 당시 당장이라도 나라가 망할 것 같이 모두들 난리였지만, 지금은 어느 누구도 잘못된 판단이라고 이야기하지 않는다. 시대적 흐름을 고려한 판단이었기 때문이다. 물론 타다 또한 부족한 부분은 있다. 현재 모빌리티 관련하여 가장 성공한 카카오 모빌리티는 카풀 서비스가 좌절된 후 사회적 합의도출을 위해 많은 노력을 하였고, 기존 법인택시를 인수하여 가맹사업형 플랫폼 택시 서비스(카카오T 블루(가맹택시)), 카카오T 블랙(고급택시) 그리고 카카오T 벤티(대형택시)를 운영하고 있다. 만약 타다가 카카오 모빌리티처럼 성실하게 사회적 합의과정을 거쳐 서비스를 제공했다면 지금과 같은 결과는 아니었을 가능성 또한 있다. 사회적 합의과정 없이 '우리는 승객을 위해 혁신적인 서비스를 제공하고 있으니 우리는 무조건 옳다' 식으로 접근한 것이 결국 사회적 큰 이슈를 낳게 된 것이다.

타다 서비스는 기존의 문제점이라고 할 수 있는 단거리 승차 거부와 불친절 등의 문제를 해결하고 시민들에게 높은 호응과 함께 편안한 이동방법을 제시하였음에도 불구하고, 정치적 이슈라는 외부요인에 의해 사회적 이슈를 극복하지 못하고 플랫폼이 실패한 대표적인 사례라고 볼 수 있다.

모빌리티 서비스 – 카카오 모빌리티

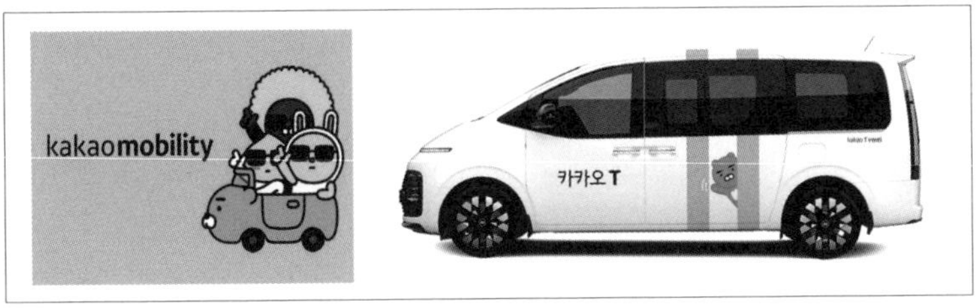

2) 취지는 좋았으나, 플랫폼 안착에 실패한 '제로페이'

신용카드는 이제 대표적인 결제방법으로 확실하게 자리잡았다. 요즘은 초등학생들도 체크카드를 갖고 다닐 정도이니 말이다. 사실 카드는 대표적인 플랫폼 비즈니스 중 하나이다. 카드사는 물건과 서비스를 구매한 소비자 집단과 해당 물건과 서비스를 판매하는 생산자 집단 간 결제를 연계하는 서비스를 제공한다. 다른 카드사와의 차별화를 위해 다양한 연계서비스, 할인혜택 및 적립제도 등을 운영한다. 정부에서도 세원확보, 지하경제 양성화를 위해 적극적으로 지원하면서 우리 사회에 완전히 정착하게 되었다. 문제는 너무나 활성화가 되다 보니 아주 작은 금액을 결제할 때에도 카드를 사용한다는 것이다. 따라서 소상공인 입장에서는 매달 나가는 카드 수수료가 여간 부담이 되는 것이 아니었다. 이러한 카드 수수료 부담을 줄여 준다는 목표로 서울시에서 제로페이Zero Pay사업을 진행하였고, 이후 중소벤처기업부가 전국 단위로 사업을 확대하였다. 방식은 금융사와 결제사들 간 공동 QR코드 결제망을 구축하여 계좌 간 직접결제를 통해 수수료를 낮추는 방식이었다.

제로페이 활성화를 위해 정부에서는 다양한 마케팅도 진행하였다. 서울대공원 동물원, 테마가든 등의 입장료 30% 할인, 제로페이 사용대금의 30% 소득공제 혜택, 공영주차장 최대 10% 할

제로페이

인, 따릉이 일일권 50% 할인 등 정말 다양한 혜택을 제공하였다. 하지만, 안타깝게도 현재까지 막대한 정부예산을 집행한 것에 비해 그 효과는 매우 미비한 수준이다.

제로페이는 2019년부터 본격적으로 전국단위 서비스를 제공하였다. 제로페이 누적 가맹점은 2019년에 32만4천개, 2020년 40만5천개가 늘어난 72만9천개, 2021년에는 65만4천개가 늘어난 138만3천개로 증가하였지만, 2022년 상반기가지 9만6천개가 증가하여 총 147만9천개가 되었다. 정부예산은 가맹점 확대를 위해 QR키트 및 단말기 그리고 홍보와 마케팅 지원으로 2019년부터 4년간 총 399.6억원을 집행하였다. 연간 결제액을 보면 2019년 767억원에서 2020년 1조 808억, 2021년에는 2조4653억으로 크게 증가하였다.

이러한 숫자를 보면 제로페이는 큰 성공을 거둔 것처럼 보인다. 하지만, 결제액 중 지방자치단체가 발행하는 지역사랑상품권과 중소벤처기업부가 발생하는 온누리상품권을 결제한 비율이 무려 87.3%인 것으로 나타났다. 즉, 제로페이로 결제한 대부분이 정부에서 결제했다는 것이다. 또한 가맹점의 63%는 결제횟수가 단 한 건도 없었다. 더욱 큰 문제는 QR코드 방식으로 결제를 하다 보니 기존 페이결제에 비해 매우 불편하였고, 이를 개선하기 위해 스마트폰을 활용한 QR결제 방식인 CPM Customer Presented Mode으로 전환 시 막대한 국고지원이 불가피하다는 것이다.

제로페이 연도별 현황

구분	2019	2020	2021	2022 상반기
가맹점 증가 수	32만4천	40만5천	65만4천	9만6천
기기/마케팅 지원	60억	120억	135억	102억
결제액	767억	1조8백억	2조5천억	-

제로페이는 플랫폼의 생산자 네트워크는 매우 잘 만들었다. 하지만, 소비자 측면과의 상호작용을 만들지 못했다. 소비자들이 제로페이로 결제해야 할 이유를 만들지 못했다는 것이다. 이러한 이유는, 대표적으로 QR코드 결제방식으로 인해 결제가 상당히 불편했다는 것에 있다. 금융권에 제공하는 다양한 페이에 비해 상대적으로 불편하다 보니 소비자들이 굳이 제로페이를 써야 할 이유가 없었던 것이다. 다소 불편하더라도 큰 유인책이 있다

면 지금과는 다소 상황이 달라질 수도 있었을 것이다.

제로페이는 타다와는 다르게 막대한 투자를 통해 상호작용의 네트워크를 만들어 낼 수 있는 기반은 매우 잘 조성하였지만, 긍정적 네트워크 효과를 발생시키는 데 한계가 있었고, 이로 인해 실패한 플랫폼의 사례에 해당된다고 할 수 있다.

3) 운영자금의 문제로 가치를 만들지 못했던, '사이드카'

앞에서 우리는 플랫폼은 성공하였으나 외부적 요인에 의해 결국 실패한 사례, 한쪽면의 네트워크는 잘 만들었지만 긍정적 상호작용 체계를 만들지 못해서 실패한 사례를 살펴보았다. 마지막으로 혁신적인 아이디어를 만들었지만, 시장에 상대적으로 늦게 뛰어들었고, 그로 인해 생존할 수 있는 '돈'이 부족하여 실패한 사례를 살펴보고자 한다.

플랫폼 비즈니스는 안정적 운영을 위한 전제조건은 두 가지가 있는데, 시장규모 자체가 있어야 한다는 것과 해당 시장에서 일정부분 시장점유율을 확보해야 한다는 것이다. 그전까지는 말그대로 '지속적 투자'를 통해 다른 플랫폼의 시장을 또는 기존 파이프라인 기업의 시장을 뺏어와야 한다. 여기서 언급한 '지속적 투자'가 매우 중요한데, 말그대로 돈을 제대로 벌기 전까지는 시장에서 생존해야만 성공한 플랫폼으로 살아남을 수 있는 것이다.

사이드카Sidecar는 2012년 1월 샌프란시스코를 배경으로 차량

공유 서비스를 시작하였다. CEO인 서니 폴Sunil Paul 말에 의하면 사이드카의 혁신적인 아이디어는 무려 1998년에 착안하였고, 2002년에 무선 네트워크를 활용한 차량호출로 특허를 받았다고 한다. 이 말이 사실이라면, 아이디어를 내고 특허를 받은 후 사업화까지 10년이 넘게 걸린 셈이다. 우버의 실질적인 서비스 시작 시점이 2010년인 것과 비교해서도 2년이 늦은 것이다. 즉, 우버가 어느정도 시장을 만들어 놓은 상태에서 후발주자로 시장에 뛰어든 것이다. 사이드카가 서비스를 시작한지 3년째인 2015년에는 시애틀, 시카고, 로스앤젤레스, 보스턴 등 미국 내 12개 도시에서 서비스를 제공한 반면, 동일한 시점에 우버는 전세계 300개 도시에서 서비스를 제공하였다. 문제는 차량 공유 플랫폼의 핵심자원이라고 할 수 있는 차량을 제공할 운전자를 구하는 전쟁에서 사이드카는 우버에 완벽하게 밀렸다. 시장에 존재하는 차량을 소유한 운전자의 수는 정해져 있는데, 이들을 활용하여 플랫폼 비즈니스를 하는 기업은 여러 개가 있다 보니 서로 운전자들을 뺏어오기 위해 전쟁을 하였다. 플랫폼 기업들이 운전자를 끌어들이는 방법은 명확하였다. 바로 그들에게 더 많은 돈을 벌 수 있도록 해주는 것이다. 사이드카가 패업할 당시 사이드카가 투자받은 금액은 3천5백만 달러인데 비해, 우버는 74억 달러를 투자받았다. 우버가 무려 200배가 넘는 투자금을 받은 것이다. 우버는 이러한 막대한 자금을 활용하여 다양한 이벤트를 진행하며 운전자들에게 직접적으로 현금지원을 하였다. 사이드카 등 다른 차량 공유 플랫폼에 등록된 운전자가 우버로 옮기면 500~1,000 달러의 보너스를 제공하였고, 다른 운전자를 데리고 와도 보너스를 제공하였다. 승객에게는 처음 사용할 때 포인트를 제공하고 다른 승객을 추천해도 추가적으로 포인트를 제공하였다. 또한 운임도 한시적으로 20% 할인을 제공하는 등 말그대로 돈을 마구 뿌렸다. 이러한 혼란스러운 시장에서 돈이 부족한 사이드카로서는 살아남을 수가 없었고, 결국 2015년 12월 29일 사업종료를 선언하였다.

사이드카는 분명 차별화된 기능을 제공하였다. 우버와 다르게 사이드카는 승객이 차량과 운전자를 직접 선택할 수 있도록 하였고, 그에 따른 비용차이가 얼마나 발생하는지도 확인할 수 있도록 하였다. 뿐만 아니라 수요가 몰리는 금요일과 토요일에도 가격을 올리지 않았고 동일한 가격정책을 지속하였다. 이러한 사이드카의 전략은 차량을 이용하는 승객에게 확실한 장점이 있었지만, 스케일이 다른 우버의 마케팅에 밀려 핵심자원인 운전자를 모집하는데 실패하였다. 우버는 자금을 끌어모으기 위해 바빴지만, 사이드카는 고객을 위한 보다 나은 서비스를 만드는 것에 더 집중하였다. 하지만 시장은 냉정하였다. 차량을 제공하는 운전자들이 플랫폼에서 실현하고자 했던 최고의 '가치'가 바로 '돈'이라는 사실을 사이드카만 몰랐던 것이다.

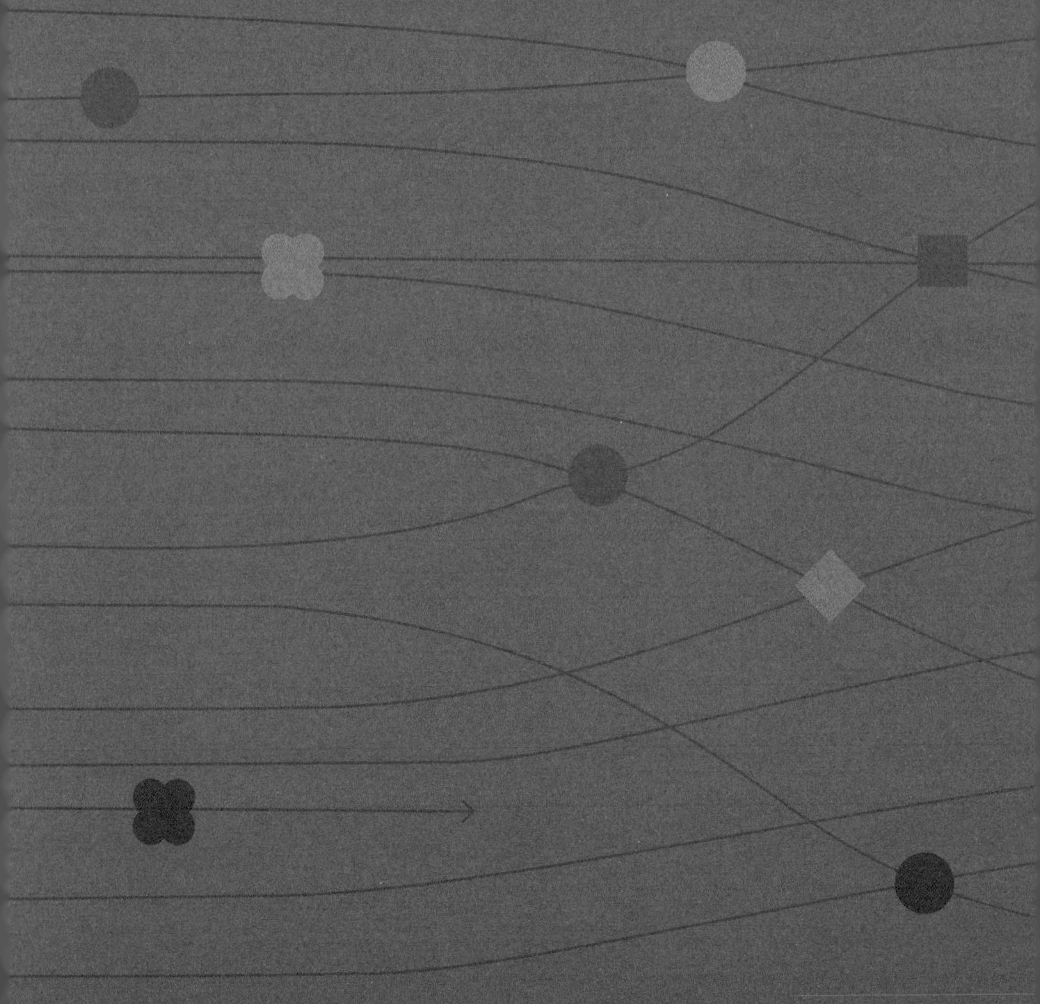

Ⅲ

플랫폼 비즈니스에 대한 고찰, 그리고 미래

우리는 이제까지 플랫폼이란 무엇이고 플랫폼의 4가지 유형 그리고 플랫폼 비즈니스가 성공하기 위해서는 무엇이 필요한지에 대해서 숨가쁘게 달려왔다. 무엇보다 국내외 플랫폼 비즈니스의 구체적인 사례를 비교하여 설명함으로써 보다 현장감 있는 이해를 돕고자 하였다.

이번 장에서는 플랫폼 기반의 비즈니스 모델을 개발하는 데 있어서 앞에서 이야기 못한 고민들에 대해서 좀 더 살펴볼 예정이다. 플랫폼 비즈니스는 과연 우리 사업환경에서 대세인지, 그리고 모든 산업에 적용 가능한지 등에 대한 것으로, 무엇보다 향후 미래에는 플랫폼 비즈니스가 어떠한 방향으로 진화 발전할 것인지에 대해서도 생각해보자 한다. 물론, 미래의 일을 누가 감히 정확히 예측할 수 있겠는가? 필자 또한 플랫폼 비즈니스의 미래에 대해 예측할 수는 없다. 시중에 많은 도서들 그리고 논문에서도 미래에 대한 예측 관련해서는 정확한 방향을 제시한다기보다는 시대적 트렌드 관점의 방향성만을 제시하곤 한다. 어떻게 보면 다소 두리뭉실하게 제시한다고 볼 수 있는데, 필자도 본 장에서 플랫폼 비즈니스가 앞으로 어떠한 방향으로 흘러갈지에 대해 그동안의 경험과 인사이트Insight를 바탕으로 개인적인 생각을 향후 방향성 중심으로 제시해보고자 한다.

플랫폼 비즈니스 성공의 기본사고

⇄

플랫폼의 가치는 누구에게 가고 있는가?

플랫폼은 플레이어의 활동을 통해 상호작용이 발생하고, 이를 통해 플랫폼이 운영된다고 이미 언급하였다. 이것을 달리 표현하자면, 플랫폼의 주인은 플랫폼을 운영하는 기업이 아니라, 플랫폼에서 활동하는 플레이어가 플랫폼의 주인이라는 것을 의미한다고 볼 수 있다. 플랫폼을 운영하는 사업자는 플랫폼의 주인인 플레이어가 플랫폼 안에서 활동을 잘할 수 있도록 환경을 제공해 주고, 추가적인 플레이어를 참여시켜 더 많은 상호작용이 일어날 수 있도록 마케팅을 진행해야 한다. 이러한 과정에서 플랫폼이 단지 '시장에서 중개자의 역할'이 아닌, '새로운 시장의 성장동력'으로 사업이 확대되게 된다. 단적인 예로, 배달의민족은 사업 초기 음식을 주문한다는 단순한 '중개'의 역할이었지만, 코로나로 인한 사회문화의 변화와 맞물려 폭발적인 성장을 이루었다. 이것은 결국 음식배달이라는 새로운 시장을 성장시키는 역할을 한 것이다. 그런데 문제는 이러한 큰 성공을 거둔 이후부터 발생하기 시작한다. 플랫폼 운영사업자는 시장점유율이 올라가고 사용자가 확대된 이후 갑자기 돌변한다. 플랫폼의 주인인 플레이어의 이익보다는, 그들 스스로의 이익에 더 높은 가치를 매기고 더 많은 이익을 내기 위해 갑의 위치에서 플레이어에게 압박을 가한다. 물론 플랫폼의 운영 사업자 또한 기업이다 보니 이익을 추구하는 것은 너무나 당연하다. 하지만, 시장의 지배사업자가 되면서 이익의 과도한 추구를 위해 갑질문제를 일으키는 것이 정말 플랫폼을 위한 것인지, 아니면 플랫폼에서 가치를 만들어내는 플레이어를 위한 것인지 고민을 할 필요가 있다.

플랫폼의 건전한 운영과 새로운 성장을 위해 플레이어를 단지 '이익의 대상'이 아닌 '상생의 파트너'로 인식을 해야 하고, 플랫폼에서 발생하는 가치가 플랫폼의 운영자가 아닌, 플레이어에게 돌아갈 수 있도록 해야 한다. 플랫폼의 지속 가능한 경영을 위한다면 반드시 이러한 것을 인식해야 한다.

플랫폼 노동자에 대한 사회적 책임은 다하고 있는가?

디지털 기술이 발달함에 따라 노동시장의 형태 또한 급변하고 있다. 이전의 노동자들은 4대보험 등의 사회적 안전망에서 근로기준법의 보호를 받아왔다. 하지만, 지금은 플랫폼이라는 매개체를 활용한 노동자들이 급증하고 있다. 대표적인 사례가 라이더인데, 코로나로 인해 폭발적으로 성장을 하였고, 현재 약 50만명이 종사하고 있다고 알려져 있다. 이들은 소비자로부터 직접 수수료를 받기 때문에 현행법상 근로기준법의 적용을 받는 근로자가 아닌, '특수형태근로자'로 구분된다. 이것이 의미하는 것은, 플랫폼 기업에 종속된 노동자임에도 불구하고, 노동3법, 근로기준법, 사회보장법 등의 법률적 보호를 받지 못하는 법률상 개인사업자인 것이다.

한국고용정보원: 광의의 플랫폼 종사자 현황

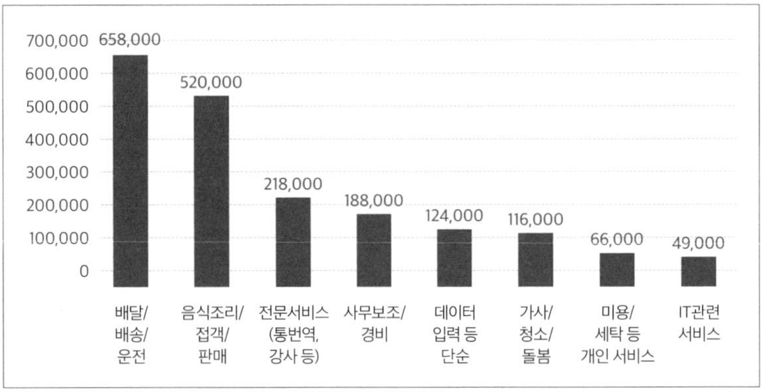

이러한 플랫폼 노동자의 본질적인 문제의 출발점은 기존 파이프라인 기업에서의 전통적인 근로계약 방식을 따르지 않고, 사업자(플랫폼 기업)와 사업자(플랫폼 노동자) 간 근로계약을 맺는 것이며, 이로 인해 '보호받지 못하는 노동자'가 발생하는 것이다. 이러한 원인은 플랫폼을 운영하는 '디지털 기술'에 있다기보다는, 노동시장의 시대적 트렌드를 '법·제도' 측면에서 따라가지 못하고 있기 때문이다. 이러한 문제는 다분히 국내에만 국한된 문제는 아니다. 영국의 옥스퍼드대학 노동법학자 제레미아스 아담스 프라슬Jeremias Adams-Pras은 이러한 현상을 "혁신의 역설the innovation paradox"이라고 표현하며, 플랫폼 경제를 뒷받침하는 기술이 혁신적일 수 있겠지만, 노동자에게는 오히려 퇴행적 노동환경을 제공하고 있다고 지적하였다. 이렇게 지적한 근거로, 그는 19세기 외주 노동환경과 현재의 플랫폼 노동환경이 유사하기 때문이라고 주장하고 있다. 당시의 노동환경은 일거리를 잘게 쪼개어 노동자 간 경쟁을 유발하여 일거리를 배분하는 방식이었는데, 이러한 노동환경에서는 일거리의 중개자가 핵심적인 역할을 수행할 수밖에 없기 때문에 자연히 노동자의 권리를 떨어지는 방식이었다. 현재의 플랫폼 노동환경이 바로 디지털 기술의 역설로 19세기 노동환경과 유사하게 재현되고 있다는 것이다.

따라서, 이러한 문제들로 인해 플랫폼 노동자를 현재의 법률적 기준으로 바라보면 안 된다. 예를 들어보자. 노동자가 근무중 사고로 인해 상해를 입었을 때 도움을 받을 수 있는 산재보험은 특정 업체로부터 의뢰받은 업무를 처리한다는 '전속성'이 있어야 한다. 쉽게 말해서 특정한 하나의 회사에 소속되어 일을 처리해야 한다. 하지만, 플랫폼 노동자의 경우 단지 하나의 플랫폼에만 참여해서는 일정 규모의 수익을 올리기 어렵다 보니 여러 플랫폼에 참여를 하게 되고, 결국 근무 중 사고를 당했을 때 이 '전속성'을 증명하고 산재를 인정받기가 어려운 것이다. 다행인 것은 2022년 5월 이러한 '전속성' 기준이 변경되었는데, 두 군데 이상의 사업장에서 일하는 노동자의 경우, 한 사업장에서 월 소득 115만원 이상의 수익이 발생하거나 또는 93시간 이상 근무하는 경우로 변경되었으며, 이를 바탕으로 산재보험을 적용할 수 있도록 하는 법률이 국회를 통과하였다. 이러한 예시처럼 새로운 산업의 출현과 함께 노동자를 보호하고, 소외되거나 차별 대우를 받지 않도록 새로운 개념의 사회적 그리고 법률적 제도가 필요하다.

무엇보다 가장 중요한 것은 플랫폼을 운영하는 기업이 이러한 노동자를 플랫폼에 참여하는 핵심 플레이어라고 인식을 해야 하고, 그들에게 충분한 이익의 보장과 함께 고용의 안정성과 사회적 안정장치를 만들어야 한다. 그렇게 해야 영구히 존속 발전할 수 있는 플랫폼이 될 수 있다.

플랫폼 비즈니스는 정말 대세인가?

플랫폼 비즈니스 모델을 어떻게 개발할 것인가에 대한 도서를 집필하면서, 과연 플랫폼 비즈니스가 대세인가에 대해 글을 쓴다는 것이 참 아이러니하다. 만약, 플랫폼 비즈니스가 대세가 아니라고 글을 쓴다면 본 도서는 필요 없는 책이 되는 것이고, 대세이니 반드시 플랫폼 비즈니스로 전환해야 한다고 이야기한다면 그것은 완벽한 거짓말이라고 할 수 있기 때문이다.

플랫폼 비즈니스는 분명 대세인 것은 맞다. 글로벌 컨설팅사들이 플랫폼 비즈니스를 하는 기업을 상대적으로 높게 평가를 하고 있고, 시장의 투자금 또한 플랫폼 기업에 몰리고 있다. 시가총액 또한 기존 기업에 비해 높게 평가받고 있다. 이러한 이유는 현재의 매출액과 영업이익을 평가했다기보다는 미래의 가치를 더 높게 평가했기 때문이다. 기존과 다른 새로운 비즈니스 모델이라는 점, 그리고 현재는 다소 부족함이 있더라도 미래에는 폭발적인 성장을 이룰 것이라고 판단하는 것이다. 어떻게 보면 시장의 자금이 플랫폼 기업에 몰리는 이유는, '투자'보다는 '투기'에 가까운 자금이 기업공개IPO: Initial Public Offering만을 바라보며 뛰어들었을 수도 있다. 그 이유가 무엇이든 간에 어쨌든 현재로서는 비즈니스에서 대세는 맞으며, 이러한 분위기는 한동안 지속될 것으로 예상되고 있다. 디지털 기술Digital Technology로 무장한 새로운 개념의 비즈니스 모델이 시장에 나오기 전까지 말이다.

그럼 이러한 시장환경에서, 기존에 탄탄한 사업구조를 갖은 기업들도 플랫폼 비즈니스를 반드시 해야만 하는 걸까? 오랫동안 특정 산업Industry에서 품질 좋은 상품을 개발하여 시장에서 높은 인지도와 고객의 신뢰를 받고 있는 기업이 사업다각화 차원에서 반드시 플랫폼 비즈니스로 진출해야 하는가 말이다. 필자 개인적으로는 "반드시"는 아니라고 말하고 싶다. 플랫폼 비즈니스는 단지 하나의 사업모델일 뿐 정답이 되는 비즈니스 모델은 아니다. 정확히 표현하자면, 모든 기업이 반드시 해야만 하는 사업은 아니라는 것이다. 사실 플랫폼 비즈니스 모델은 기업평가에 있어서 과장된 영역이 분명 존재한다고 생각한다. 예를 들어, 우리가 잘 알고 있는 야놀자의 경우를 보자. 야놀자는 모텔을 연계해주는 사업으로 시작하여 호텔, 펜션, 풀빌라 등을 중개해주는 영역으로 확대한 숙박업소 연계의 비즈니스 모델을 보유하고 있다. 2022년 기준으로 야놀자의 매출액은 약 6천억원으로 당기순이익은 약 50억원에 이르지만, 매 분기 이익이 발생하진 않아 3분기에는 영업손실이 50억원에 이르는 기업이다. 시가총액은 2022년 경기침체로 인해 1년전과 비교하여 50.7% 하락한 4조3천억원대이다. 경기침체 전에는 시장에서 10조원 정도의 기업으로 평가를 받았다는 의미이다. 그럼 우리가 알고 있는 기존 파이프라인 기업을 살펴보자. 철강기업 중 국내 2위를 보이고 있는 현대제철은 매출이 22조 8천억원을 보이고 있으며 영업이익은 2조원에 이르다. 하지만 시가총액은 야놀자보다 다소 낮은 4.2조원이다. 또 다른 예로 편의점 사업에서 오랜 기간동안 업계 부동의 1위를 지키고 있는 GS리테일은 매출이 약 12조원이고 영업이익은 1천억원 규모이다. 그런데 시가총액 2.9조원이다. 시가총액은 그 기업의 가치를 의미하는데, 그렇다면 현대제철과 GS리테일이 야놀자보다 낮은 수준의 기업일까? 현대제철은 1953년에, GS리테일은 1971년에 창립하였고, 야놀자는 2007년에 사업을 시작하였다. 현대제철과 GS리테일은 꾸준히 영업이익을 내고 있는 반면에 야놀자는 지속적인 영업이익이 발생하고 있지 않으며 말그대로 들쭉날쭉하다. 이러한 상황에서 야놀자가 정말 현대제철과 GS리테일보다 높은 가치가 있는 기업인가 말이다. 필자 개인적으로는 '아니요'라고 말하고 싶다. 야놀자의 시가총액이 높은 이유는 기업의 미래가치가 높아서라기보다는 나스닥Nasdaq 상장에 대한 기대감으로 '투자'보다는 '투기'에 가까운 자금이 몰렸기 때문이라고 생각한다. 그렇다면 이러한 상황에서 현대제철과 GS리테일이 플랫폼 비즈니스 모델을 접목하여 새로운 사업영역으로 확장해야 할까? 그리고 확장한다면 성공은 할 수 있을까? 개인적으로는 이러한 기업은 플랫폼 비즈니스를 적용할 필요는 없다고 본다. 적용한다고 하여도 성공 가능성이 매우 낮다. 그들만의 비즈니스 유형이 확고하고 오랜 기간동안 조직 내부적으로 굳어진 기업문화가 있기 때문에 플랫폼 사업을 접목했을 때 성공확률은 매우 낮다고 본다. 조직과 구성원의 역량 문제가 아니라 조직의 문화가 큰 영향을 미친다는 의미이다.

다시 원래의 주제로 돌아와 "플랫폼 비즈니스는 정말 대세인가?"라는 답을 내보려고 한다. 플랫폼은 비즈니스 모델에 있어서 분명 대세이며 현재까지는 시장에서 높은 평가를 받는 것은 맞다. 충분히 진출할 가치가 있고 가능성도 있다. 하지만, 기존 파이프라인 기업의 조직문화가 뿌리깊은 기업은 성공의 가능성이 상대적으로 매우 낮다. 만약에 반드시 플랫폼으로 사업영역을 확장하고자 한다면, 앞에서 언급한 '③네트워킹 연계'와 '④플레이어 관계'에 대한 고민을 해야 하고, 그보다 더욱 중요한 것은 플랫폼 비즈니스를 추진할 의사결정자의 변화 없이는 절대로 성공할 수 없다.

플랫폼 비즈니스의 미래 방향성에 대한 고찰

지난 2012년 AWS LIVE 인터뷰에서 아마존 CEO인 제프 베조스Jeffrey Bezos가 여러 사람들에게 회자되는 말을 남겼다. 당시 행사에서, 성공적으로 지속 가능한 비즈니스를 구축하기 위해서 향후 10년 동안 어떤 변화가 있을 것인지 사람들이 그에게 질문하였다. 이 질문에 그는 이렇게 대답하였다. "어떤 것이 변할 것인지가 아니라, 무엇이 변하지 않을지 스스로 물어보고, 그것에 모든 에너지와 노력을 쏟아부어야 지속 가능한 비즈니스가 될 수 있다"라고 말이다.

필자가 예전에 대리사원 시절에 외부 프로젝트를 하고 본사에 복귀했을 때 사보에서 이런 글을 읽은 적이 있었다. "변하라, 변하지 않으면 세상이 너를 변하게 할 것이다". 이 문장을 보고

몸에 전율을 느낀 적이 있었다. 맞다. 세상은 늘 변하고 있고, 그 변화에 대해 미리 준비하지 않는다면, 나 자신과 기업은 시장에서 살아남을 수 없는 것이다. CEO 제프 베조스의 말처럼, 무엇이 변할지를 생각하기보다는, 무엇이 변하지 않을지를 먼저 고민하는 것이 더 옳다고 생각한다. 세상 모든 것이 변하고 있는 상황 속에서, 그 변화의 정도에 다소 차이가 있을 뿐 모든 것은 변한다는 것이다.

우리의 비즈니스 모델 또한 지속적으로 변하고 있다. 100년이 넘는 오랜 기간동안 파이프라인 비즈니스 모델이 시장을 장악하였다. 좋은 품질의 제품을 상대적으로 경쟁력 있는 가격으로 대량생산하기 위해 끊임없이 노력하였다. 하지만, 2000년경을 전후하여 플랫폼 비즈니스 모델이 시장의 주목을 받았다. 이것은 제품 혹은 서비스를 직접 개발하여 고객에게 전달하는 것이 아니라, 생산자와 소비자를 단지 '중개'하여 돈을 버는, 어찌보면 매우 특이한 비즈니스 모델인데 이것이 시장을 흔들었다. 그 이유는 단지 '중개'가 아닌 새로운 수요를 창출하고 그동안 없었던 새로운 방식의 노동환경도 만들어졌기 때문이다.

그럼 이러한 방식의 비즈니스 모델은 또 어떻게 변화할까? 지금부터는 이러한 변화에 대해 고민해보고자 한다.

우선, 국내 플랫폼 비즈니스의 현황을 보면, 각 산업별Industry

로 시장에서 안착한 플랫폼들을 확인할 수 있다. 대표적으로 유통산업에서는 네이버 쇼핑, 쿠팡, 마켓컬리, SSG 등이 있으며 이외에도 위메프, 티몬, 11번가 등의 있다. 모빌리티 산업에서는 카카오모빌리티와 SK의 UT가, 공유경제Gig Economy 등을 비롯한 서비스 산업 관련해서는 배달의민족, 요기요, 당근마켓 등이 존재한다. 아직 마땅한 플랫폼이 출현하지 않은 산업은 크게 두 가지 원인이 있을 수 있다. 앞장에서 이미 살펴보았으나 다시 한번 생각해보자. 우선, 첫 번째로 플랫폼 비즈니스를 적용하기에 적절하지 않은 시장일 가능성이 높은 것으로, 기존 파이프라인 비즈니스가 더 유용한 경우이다. 예를 들어 가구를 만들고 판매하는 산업의 경우, 우리가 딱히 알고 있는 플랫폼이 존재하지 않는다. 소비자의 인식 자체가 '중개'를 통해 소파, 침대를 구매한다기보다는 직접 앉아보고 재질을 만져보며 제품을 구매하기를 더 선호하기 때문이다. 또 다른 이유는 플랫폼 비즈니스를 적용하기에 시장 규모 자체가 작기 때문이다. 플랫폼 비즈니스는 기본적으로 생산자 집단과 소비자 집단의 양면시장을 이루고 있는데, 양면시장에 존재하는 이러한 수많은 플레이어들이 말그대로 돈을 벌지 못한다면 플랫폼에 참여하지 않을 것이고 자연스럽게 해당 플랫폼은 도태되게 된다. 상호작용을 높이기 위해 아무리 훌륭한 마케팅을 적용하더라도 시장규모 자체가 작으면 아무 소용이 없다.

이러한 상황을 봤을 때, 사실 이제는 국내 각 산업별로 주요 플랫폼들이 어느정도는 정해진 상황이라고 볼 수 있다. 새로운 플랫폼이 나타난다고 하더라도 각 산업별로 시장의 규모는 정해져 있기 때문에, 일정한 파이Pie 안에서 누가 더 많은 부분을 차지할 것인가로 싸우는 형국이 될 것이다. 이것이 의미하는 것은, 각 산업별 플랫폼 비즈니스의 형태가 안정화되고 고착화되었다는 것을 말한다. 그럼, 각 산업별로 플랫폼의 사업방식이 어떻게 고착화되어 가고 있는지 살펴보자. 먼저 유통시장, 즉 마켓형 플랫폼에서는 플랫폼 기업이 자체적인 유통망을 기반으로 소비자에게 제품을 직접 제공하는 방식과 기존 배송업체를 활용하여 간접적으로 제공하는 방식이 굳어졌다. 예를 들어 자체적인 유통망을 가진 플랫폼은 쿠팡을, 기존 업체를 활용한 간접적으로 제공하는 플랫폼은 SSG, 11번가 등의 일반적인 이커머스 플랫폼을 말한다. 수익은 수수료를 중심으로 광고료를 통해 발생시킨다. 소셜 미디어형 플랫폼에서는 개인 간 정보의 유형(텍스트, 이미지, 동영상)만 상이할 뿐 컨텐츠의 상호교환을 기본적인 목적으로 하며, 수익은 광고료를 통해 발생시킨다. 공유형 플랫폼의 경우도 상호 공유하는 그 대상물은 달라질 수 있으나, 공유하는 방식과 수수료 체계는 정해진 틀 안에서 움직이게 되었다. 어떤 사업방식이 더 옳고 그름의 문제는 아니고, 단지 일정한 방식과 프로세스가 정해지고 우리의 인식 또한 그런 방식으로 해야 한다고 사고 자체도 고착화된 것이다. 이것은 결국 한때 혁신적 사업모델이라고 한 플랫폼 비즈니스 모델이 기존 파이프라인 비즈니스 모델이 그래왔던 것처럼, 비즈니스 모델 중 하나의 유형일뿐 이제는 새로운 비즈니스가 아니라는 것을 의미하게 되었다는 것이다.

결국, 현재의 플랫폼 비즈니스 모델은 시장과 사회에 안착한 만큼 현재의 사업형태가 당분간 지속되며, 각 플랫폼의 성장률과 시장규모 모두 완만한 성장곡선을 보일 것으로 예상된다. 이러한 인식으로 인해 기존 파이프라인 비즈니스 모델을 보유하고 있는 기업들도 자신들의 비즈니스에 플랫폼 비즈니스 모델을 적용하고자 하는 시도 또한 지속적으로 진행될 것으로 본다. 플랫폼 비즈니스 모델의 미래 모습은 이러한 과정에서 현재의 모습에서 조금 더 진보된 모델로 변화할 것이다.

1) 하이브리드Hybrid 플랫폼의 확장

향후 플랫폼 비즈니스 모델의 가장 두드러진 변화는 무엇보다 D2CDirect to Customer 기반의 하이브리드Hybrid 비즈니스 모델이 더욱 활성화될 것으로 예상된다. 하이브리드 비즈니스 모델이란 기존 파이프라인 기업의 비즈니스에 플랫폼 비즈니스 모델을 결합한 비즈니스를 말한다.

플랫폼 비즈니스 모델이 성공한 대표적인 산업은 이커머스 시장이다. 한때 20%대로 고성장하던 시장은 2022년 들어 9%~13% 수준으로 하락하였다. 이러한 기조는 국내뿐만 아니라 미국과 중국의 경우도 동일한데, 미국의 최대 쇼핑행사인 블랙 프라이데이Black Friday와 중국의 최대 쇼핑행사인 광군제 기간동안 모두 2021년 대비 증가율이 감소하였다. 따라서, 플랫폼에 상품 혹은 서비스를 제공하던 기존 파이프라인 기업들은 이제 새로운 성장동력이 필요한 시점이 되었다. 무엇보다 플랫폼에 종속되어 자신들의 상품을 판매하는 것에 회의를 느꼈을 수도 있다. 이러한 고민으로 인해, 기존 파이프라인 기업들은 플랫폼을 벗어나 자신들이 직접 고객에게 판매하는 방식을 고민하고 있다. 대표적인 사례가 앞서 살펴본 나이키의 D2C 전략으로, 소비자와 자체적인 채널을 통해 직접적인 관계를 확대하였다. 처음에는 웨어러블 기기인 퓨얼밴드FuelBand와 함께 NRCNike Run Club이라는 앱App.으로 개인 간 커뮤니티를 강화하는 활동으로 시작하였으며, 이후 온라인 마켓을 만들어 소비자와 직접 소통하기 시작하였다. 이것은 기존 제조업 중심에서 유통까지 사업을 확대했다는 것을 의미한다. 이러한 과정을 통해 나이키는 2019년 11월 아마존에서 판매를 중단한 후 2020년 나이키 매출은 전년과 비교하여 9%, 영업이익은 30% 증가하였다. 전형적인 제조업체였던 나이키는 고객과 소통하고 유통 또한 직접 담당하면서 판매량은 증가하고 비용은 절감하였으며, 이를 통해 전체 이익률이 향상되었다. 기존 파이프라인 기업이 플랫폼 비즈니스 모델을 접목하면서 재무적 성공을 달성한 것이다. 사실 이러한 재무적 성과 이외에도 나이키 입장에서는 브랜드의 자율성 또한 확보할 수 있었다. 플랫폼을 통해 상품을 판매하는 경우 플랫폼의 운영정책, 세일일정 그리고 플랫폼의 영업 컨셉에 맞추어 마케팅을 진행하다 보니 자신들만의 이미지를 만들기 어려웠는데, D2C 정책을 통해 자신들만의 브랜드를 더욱 굳건히 할 수 있는 계기를 마련한 것이다. 이외에도 고객의 불만을 최소화할 수 있는 환불정책, 반품관리 그리고 고객 의견관리 등을 직접 관리함으로써 브랜드의 가치를 올릴 수 있었다.

따라서, 나이키의 성공 사례처럼, 기존에 시장에서 높은 브랜드 인지도를 그리고 확실한 포지셔닝을 갖은 파이프라인 기업들은 플랫폼 비즈니스 모델을 적용한 하이브리드 방식의 비즈니스 모델을 더욱 적극적으로 적용할 것으로 예상된다. 물론, 앞에서 언급한 바와 같이 새로운 비즈니스를 적용하기보다는 기존의 파이프라인 비즈니스 모델을 더욱 정교화하고 다각화하기 위한 방향으로 진행될 것이다. 그 이유는 새로운 도전보다는 안정적 사업확대를 위한 것으로, 리스크를 줄이면서 새로운 사업모델을 적용한다는 측면에서 유용한 전략이라고 생각하기 때문이다. 이러한 방식의 비즈니스 모델을 기존 파이프라인 비즈니스 모델과 플랫폼 비즈니스 모델을 접목한 "D2C 기반의 하이브리드 비즈니스 모델"이라고 할 수 있다.

다만, 모든 기업이 이러한 하이브리드 비즈니스 모델을 적용

가능한 것은 아니다. 나이키와 같이 시장에서 이미 확실한 포지션을 갖은 대기업의 경우가 성공확률이 높은데, 그 이유는 하이브리드 비즈니스 모델의 경우 기본적으로 시장에 이미 널리 알려진 제품에 대해, 판매 경로만 자신의 플랫폼으로 변경하는 방식이기 때문이다. 따라서 대기업에 해당될 가능성이 높다. 시장에서 인지도가 상대적으로 떨어지는 중소기업의 경우에는 이러한 D2C 방식보다는, 기존과 동일하게 유명 플랫폼에 하나의 플레이어로 참여할 가능성이 높다. 따라서 쿠팡, 네이버와 같이 현재 시장에서 유명한 플랫폼들은 시장의 게이트Gate 역할이 더욱 강화될 것이고, 중소기업들과 브랜드 가치가 상대적으로 낮은 제품들은 플랫폼에 더욱 종속적으로 고착화될 것으로 예상된다. 하지만 이러한 현상이 잘못된 방향으로 진행되는 것을 의미하는 것은 아니며, 오히려 중소기업 입장에서는 많은 소비자를 만날 수 있는 기회가 생기기 때문에 상생의 방향으로 진행된다고 볼 수 있다.

2) 생성형 인공지능Generative AI을 활용한 서비스 연계 확대

최근 우리사회의 최대 화두 중 하나가 바로 챗GPTChat GPT: Generative Pre-trained Transformer일 것이다. 이러한 현상이 발생한 이유는 챗GPT를 통해서 생성된 문장 그리고 프로그램 코드가 생각한 것 이상으로 매우 수준 높았기 때문이다. 이것이 의미하는 것은,

인간의 최후 보루라고 생각했던 '창의성' 영역까지 컴퓨터, 즉 인공지능이 대체할 수 있다는 것이 증명되었다고 할 수 있다. 사실 이전까지의 인공지능은 학습한 내용을 바탕으로 데이터를 분석하고 패턴을 식별하여 추론을 통해 예측하는 '분석형 인공지능Analytical AI: Artificial Intelligence'라고 할 수 있었다. 하지만, 챗GPT는 사용자가 입력한 글에 대해 컨텐츠를 새롭게 생성하는 '생성형 인공지능Generative AI: Artificial Intelligence'의 한 유형이라고 할 수 있다. 물론, 생성형 인공지능 또한 대량의 데이터 분석을 통해 패턴을 식별하고 추론하는 과정을 거치는 것은 동일하다. 참고로 챗GPT는 마이크로소프트의 오픈AI라는 곳에서 개발한 대규모 언어모델LLM: Large Language Model이며, GPTGenerative Pre-trained Transformer란 방대한 데이터를 미리 학습Pre-trained하고 트랜스포머Transformer 라는 아키텍처를 사용하여 새로운 문장을 생성Generative하는 인공지능AI: Artificial Intelligence을 말한다. 어쨌든 이러한 대중적 인기로 인해 전세계적으로 이용자가 단지 40일만에 천만명을 돌파하였다. 다른 플랫폼이 천만명의 이용자를 끌어들이는데, 페이스북은 2년 4개월을, 트위터는 2년 2개월을, 그리고 인스타그램이 11개월 소요된 것과 비교하면, 챗GPT가 얼마나 빠른 속도로 사람들에게 관심을 끌고 있는지를 쉽게 알 수 있다.

챗GPT는 텍스트 요약, 질의응답, 번역 등 다양한 언어작업을 할 수 있는데, 기존 언어모델과의 가장 큰 차이점은 사람과의 대화에서 일관성을 유지하며 대화상 생략된 단어를 지난 대화에서 추적함으로써 대화의 맥락을 유지시키는 부분에서 뛰어난 성능을 보인다는 점이다. 또한 다양한 데이터 세트를 학습함에 따라 광범위한 주제를 처리할 수 있다. 무엇보다 가장 큰 장점은 특정 산업 혹은 도메인에 특화된 대화가 가능하도록 미세조정Fine Tuning 작업이 가능하여 보다 정확한 응답을 생성할 수 있다는 것이다. 이것이 의미하는 것은 실제 비즈니스에 적용했을 때 매우 훌륭한 결과를 기대할 수 있다는 것이며, 이러한 이유로 챗GPT가 큰 관심을 끌고 있는 것이다.

그럼 생성형 인공지능에 대해 좀 더 살펴보자. 생성형 인공지능은 비정형 데이터에 대해 딥러닝Deep Learning과 머신러닝Machine Learning 알고리즘Algorithm을 활용하여, 사용자가 입력한 텍스트에 대해 새로운 컨텐츠를 생성해내는 인공지능을 말한다. 주요 컨텐

생성형 인공지능 종류

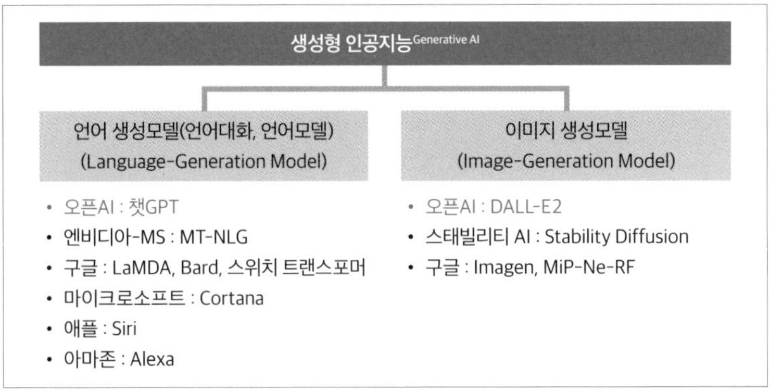

츠로는 텍스트, 이미지, 오디오, 음악 및 컴퓨터 코드 등 다양하지만, 최근에는 주로 텍스트와 이미지를 중심으로 여러 서비스를 만들고 있는 상황이다. 관련한 생성형 인공지능 도구는 다음과 같다.

먼저, 언어 생성모델Language-Generation Model에서는 일반 대중에게 가장 많이 알려진 오픈AI가 만든 챗GPT가 있으며, 이외에도 애플의 Siri, 아마존의 Alexa, 구글의 LaMDA Language Model for Dialogue Applications 등 많은 빅테크 기업이 자연어처리NLP: Natural Language Processing 기반의 도구를 출시하였다. 이미지 생성모델에서는 오픈AI가 만든 DALL-E2, 스태빌리티 AI의 Stability Diffusion 그리고 구글의 Imagen과 MiP-NeRF가 대표적인 사례이다.

시장조사 기관 및 컨설팅 기업에서도 이러한 생성형 인공지능에 대해 밝은 전망을 내놓고 있다. 가트너Gartner는 2025년까지 모든 디지털 콘텐츠의 약 10%가 생성형 인공지능을 통해 파생될 것이라 예측하였고, 그랜드뷰 리서치Grandview Research는 생성형 인공지능 시장이 2030년까지 매년 34.4%씩 성장할 것이며, 금융, 자동차, 의료 및 마케팅, 운송 및 정보기술 등 모든 산업분야에서 광범위한 혁신을 일으킬 것이라고 예측하였다. 맥킨지McKinsey & Company 또한 모든 비즈니스 판도를 바꿀 잠재력을 가지고 있다고 평가하였다.

생성형 인공지능에 대해 간단하게 설명을 하였는데, 산업별로 챗GPT를 포함한 생성형 인공지능이 어떻게 활용될 수 있는지 살펴보자. 앞에서 잠깐 살펴본 바와 같이, 생성형 인공지능은 대규모 데이터를 학습하여 텍스트, 음악, 비디오 그리고 그림 등에서 새로운 컨텐츠를 만들어 내는 기술을 말하며, 특히 챗GPT는 채팅과 같은 대화에서 새로운 컨텐츠를 만들어 내는 도구라고 할 수 있다. 이러한 기술은 다양한 산업에서 활용될 수 있는데, 예를 들어 교육 분야에서는 대화형 교육 컨텐츠를 생성하여 개인별 수준에 맞는 교육 프로그램을 만듦으로써 학생의 학업참여도를 높여 교육효과를 최대한 끌어올릴 수 있다. 이커머스와 같은 전자상거래에서는 고객 데이터 및 구매정보 분석을 통해 개인화 추천 서비스를 제공할 수 있으며, 이를 활용한 마케팅 전략을 개선할 수 있다. 또한 고객문의에 대해 24시간 수준 높은 답변을 제공함으로써 고객만족도를 향상시켜 해당 플랫폼의 충성도를 높일 수 있다. 여행 및 숙박 분야에서는 맞춤형 여행상품을 추천하고 고객문의에 정확한 답변을 제공함으로써 예약 취소율을 떨어뜨릴 수 있다. 뿐만 아니라 연구분야에서는 연구개발 과정에서 관련 법률 및 규제를 준수하는지 그리고 수많은 연구결과물을 요약정리하는 기능을 제공할 수 있다.

다음 페이지 표는 챗GPT를 포함하여 생성형 인공지능이 각 산업별로 어떻게 접목될 수 있는지 예시를 든 것이다. 이와 관련

챗GPT를 포함한 생성형 인공지능 활용 예시

분야	적용방안
교육	• 대화형 교육 컨텐츠를 생성할 수 있고, 개인별 질문에 대한 설명과 답변으로 개인화된 학습경험 가능
	• 학업 및 학문적 조언을 통해 학생의 학업참여도와 접근성의 향상
엔터테인먼트	• 게임 혹은 영화를 보다 사실적으로 표현하여 몰입감 있는 가상 환경 제공
전자상거래	• 고객 데이터 및 구매정보 분석을 통해 제품·서비스에 대한 개인화 추천 제공
	• 이를 활용한 기업의 마케팅 전략 개선 및 고객 만족도와 충성도 향상
	• 고객 문의에 대한 답변 등의 서비스 지원
의료	• 의료 이미지를 분석함으로써 질병을 더욱 정확하고 빠르게 진단
	• 다양한 질병의 신약 및 치료법 개발에 적용
	• 원격진료를 위한 의료조언 및 건강상태 질문/응답
제조 및 설계	• 새로운 제품을 설계하고 제조하는 프로세스를 생성하는 것뿐만 아니라, 공급망 및 물류 운영의 최적화
	• 제조과정에서의 품질관리 표준 준수여부 자동확인
	• 고객 데이터와 만족도 분석을 통한 제품 및 서비스 개선사항 파악
마케팅 및 영업	• 브로셔, 제품 안내서 등의 문서 및 이메일, 텍스트 등의 컨텐츠 자동생성
	• 고객 맞춤형 상품 추천제공 및 메시징 서비스를 통해 고객과의 상호작용으로 마케팅 캠페인 자동화
	• 상품 및 서비스에 대한 상담 채팅을 통한 구매결전 전환율 상승
금융 서비스	• 고객 맞춤형 금융상품 추천 및 금융서비스 제공
	• 고객 데이터와 만족도 분석을 통한 고객이탈 방지
	• 고객 문의에 대한 답변 및 고객 서비스 지원
여행 및 숙박	• 맞춤형 여행상품 추천하고, 고객문의에 대한 답변 및 고객 서비스 지원
	• 고객 만족도 향상을 통해 여행상품에 대한 예약을 증가시키고 취소율 하락
연구(R&D)	• 연구개발(R&D) 과정에서의 관련 법률 및 규제준수 여부 검토
	• 수많은 연구결과물에 대한 요약정리

하여 어떤 산업이든 기본적으로 공통된 방향성이 있는데, 텍스트 및 이미지를 자동 생성함으로써 제품과 서비스에 접목하여 고객을 위한 맞춤서비스를 제공할 수 있으며, 또한 생산과정에서는 품질을 향상시킬 수 있다는 점이다.

그럼, 플랫폼 비즈니스 모델에 챗GPT를 어떻게 적용할 수 있을까? 사실 위 표에서 어느정도 힌트를 얻었으리라 생각된다. 가장 먼저 채팅 기반의 고객서비스를 강화할 수 있다. 사실 현재 거의 모든 플랫폼에서 고객을 위한 챗봇 서비스를 제공하고 있지만, 챗봇을 통한 고객지원 범위가 매우 제한적이고 그 만족도 또한 미비하여, 투자 대비 효과가 낮은 것이 사실이다. 하지만, 챗GPT를 적용한다면 보다 정확한 답변과 함께 고객 맞춤형 서비스를 제공함으로써 다양한 유형의 고객과 커뮤니케이션을 자동화할 수 있고, 나아가 제품 혹은 서비스를 추천함으로써 플랫폼의 상호작용을 증가시킬 수 있다. 이외에도 고객이 플랫폼에서 활발히 활동할 수 있도록 가상 어시스턴트Assistant, 즉 가상비서 역할을 수행하여 고객이탈을 최소화할 수도 있다. 이러한 가상비서 역할은 고객뿐만 아니고, 플랫폼 기업에 새로 입사한 구성원에게도 적용할 수 있는데, 조직문화와 업무에 익숙하지 않은 신규 구성원에게 업무적 가이드를 제공함으로써 업무생산성도 올릴 수 있다.

생성형 인공지능은 이제 막 시작한 초기단계이며, 극복해야 할 기술적 과제 또한 많다. 하지만, 모든 산업에서 게임 체인저가 될 것이라는 것에는 어느 누구도 의심하지 않는다.

챗GPT를 만든 오픈AI의 입장에서 본다면, 그들 또한 또 하나의 플랫폼 비즈니스를 하고 있다고 볼 수 있다. 애플리케이션 프로그램 인터페이스라고 불리는 API Application Programming Interface 기술을 통해 여러 다른 시스템과 자유롭게 연계가 가능하도록 구성하여 챗GPT의 기능을 사용할 수 있도록 하였고, 특정 산업 혹은 도메인에 특화된 대화가 가능하도록 미세조정Fine Tuning 기능 또한 제공하고 있다. 실제로 플랫폼을 운영하는 모든 기업들이 생성형 인공지능을 자신의 플랫폼에 접목하려는 시도를 하고 있다. 챗GPT를 연계하든 아니면 자체적으로 초거대 인공지능 개발을 하든 말이다. 이러한 시도의 궁극적인 목적은 명확하다. 플랫폼 안에서의 상호작용을 확대시키고 이를 통해 고객에게 새로운 가치Value를 주기 위한 것이다. 거대한 기술변화의 변곡점에서, 그들의 플랫폼이 파도에 휩쓸려 사라질 것인지, 아니면 그 파도를 타고 크게 성장할 것인지 결정되기 때문이다.

3) 경계를 허무는 빅블러Big Blur 현상의 가속화

빅블러Big Blur란 무슨 의미일까? 우선 블러Blur란 '흐릿한 형태'

라는 사전적 의미를 갖고 있으며, 빅블러는 '경계융화가 일어나는 현상'을 뜻한다. '경계융화'라는 말이 다소 어렵게 느껴질 수 있는데, 경계가 허물어지며 서로 다른 영역이 합쳐져 새로운 것이 된다는 의미로 보면 된다. 이러한 단어는 조용호의 '당신이 알던 모든 경계가 사라진다(2013)'에서 처음 제시한 단어로, 사회가 급격하게 변하면서 기존에 우리가 알고 있던 비즈니스 모델의 경계가 모호해지는 현상을 표현하기 위해 사용하였다. 즉, '산업 및 업종 간', '대기업과 중소기업 간', '생산자와 소비자 간' 그리고 '온라인 비즈니스와 오프라인 비즈니스 간' 기존에 우리가 알고 있고 익숙했던 경계라는 것들이 급속도로 사라지고 있다는 것을 표현한 것이다. 저자는 해당 도서에서 비즈니스 모델의 대충돌 현상을 6가지 측면에서 분석하고 있다.

과거와 빅블러 시대 비교

구분	과거	빅블러 시대
소비자 역할	상품 구매, 제한적인 기업 활동 보조	기업 활동의 주요 영역에 참여
기업 관심사	고객과의 거래	고객과의 지속적 관계
서비스 역할	고객 서비스 차원	지속 성장 모델
비즈니스 모델	동일 시장, 유사한 가치 및 접근 방식	시장 재정의, 차별화된 가치 및 접근 방식
산업 장벽	고유 영역의 업무 존재	산업간 경계 초월
경쟁 범위	단일 기업, 가치사슬간	생태계 중심으로 확대

조용호의 '당신이 알던 모든 경계가 사라진다(2013)'

비즈니스의 경계를 허물고 있다는 빅블러의 대표적인 사례 두 가지를 살펴보자. 먼저, 금융권의 경우인데, 인터넷 금융이라는 개념조차도 희박하던 1994년에 마이크로소프트Microsoft의 빌게이츠Bill Gates 회장이 이런 말을 하였다. “은행 서비스는 필요하지만, 은행은 아니다Banking is necessary, banks are not”. 아마도 이 말이 의미하는 것은, 은행 서비스는 당연히 필요하겠지만, 그런 서비스를 제공하는 것이 은행만이 하는 것은 아니라고 볼 수 있다. 지금이야 당연하게 들릴 수 있는 말이긴 하지만, 그 당시 이 말에 얼마나 많은 사람들이 동의했는지, 또는 이해를 했는지가 궁금하다. 2015년에는 세계 최대 투자은행 중 하나인 골드만삭스Goldman Sachs의 CEO 로이드 블랭크페인Lloyd Craig Blankfein는 “이제부터 골드만삭스는 금융회사가 아닌 IT Information Technology 회사이다”라고 선언하였다. 국내에서도 유사한 발표를 했는데, 2018년 하나금융 김정태 회장은 “미래의 하나금융그룹은 데이터 기반의 정보회사를 지향한다”라는 디지털 비전을 선포하였다. 국내외를 막론하고 대표적인 금융회사들이 자신은 이제 ‘은행’이 아닌 ‘IT기업’이라고 주장하고 있는 것이다. 이와는 반대의 경우도 있다. 인터넷 전문은행인 카카오뱅크, 케이뱅크 그리고 토스뱅크는 분명 IT기술을 중심으로 하는 테크Tech.기업임에도 불구하고, 자신들은 IT기업이 아닌 은행업무를 하는 금융기업이라고 주장하고 있다. 이러한 인터넷 전문은행은 기존 은행업무에 IT기술 적극적으로 적용하여 비대면 영업을 가능케하는 혁신을 가져왔다. 이전에는 금융기업과 IT 기업은 전혀 별개의 기업으로 인식되었지만, 이제는 서로 간의 경계가 허물어지면서 금융기업은 자신들이 IT기업이라고, IT기업은 자신들이 금융기업이라고 주장을 하고 있는 것이다.

빅블러의 또 다른 사례는 이커머스의 유통분야이다. 국내 이커머스 시장은 3강 구도를 보이고 있는데, 거래액을 기준으로 17%를 차지하고 있는 네이버가 1위를, 그리고 신세계그룹(15%)와 쿠팡(13%)이 그 뒤를 바짝 뒤쫓고 있는 상황이다. 재미있는 것은 이커머스 시장의 부동의 1위인 네이버는 사실 누구나 알고 있듯이 원래 포털로 사업을 시작하여 현재 국내 1등 인터넷 기업으로 성장하였다. 2위는 전통적인 유통기업이긴 했으나 최근 이커머스 기업 이베이코리아를 인수하고 디지털 기술을 적극적으로 도입하여 성공 사례를 만들어가고 있는 신세계가 차지하고 있다. 3위는 쿠팡인데, 사실 쿠팡은 사업초기에는 지역 매장의 쿠폰을 판매하던 IT기업이었으나, 로켓배송 개념으로 막대한 투자를 받은 후 전국에 자체 물류센터를 설립하고 물류기사 또한 직접 고용하면서 이커머스 시장의 핵심으로 성장하였다. 유통시장에서의 전통적인 강자였던 롯데는 시장에서 단지 5%의 점유율만을 보이고 있는 그렇고 그런 기업으로 추락한 상태이다. 이제는 시장에서의 강자는 전통적인 유통업을 하는 기업이 아닌, IT기업 혹은 IT를 적극적으로 적용하여 기업의 체질을 트랜스포메이션

Transformation 한 기업이 차지하고 있는 것이다.

우리는 지금까지 금융과 이커머스 두 산업에서의 빅블러 현상에 대해 살펴보았다. 사실, 이러한 빅블러 현상은 현재 초기단계라는 것이 정설이다. 다시 말해서 산업 전반이 확대될 수 있다는 의미로, 플랫폼 비즈니스 또한 이러한 흐름에 편승할 것으로 예상된다. 플랫폼 비즈니스 모델은 기본적으로 양면시장에서의 상호작용을 바탕으로 각자의 플레이어들이 자신들의 가치를 실현해가는 과정이라고 할 수 있는데, 이러한 개념이 빅블러 현상과 접목하여 새로운 비즈니스 모델로 전환될 수 있다는 것이다. 반대로 플랫폼 비즈니스를 접목할 수 없을 것처럼 보이던 산업에서도 산업 간 경계를 허무는 빅블러 현상과 융합되면서 플랫폼 비즈니스 모델이 접목되어 새로운 비즈니스가 생성될 수도 있는 것이다. 예를 들어 앞 장에서 B2B 기반의 플랫폼 비즈니스 모델의 실패사례로 언급한 델 마켓플레이스가 빅블러 현상과 접목된다면 성공할 수도 있는 것이다. 단순한 예로 델은 고성능 컴퓨터를 만드는 제조기업인데, 만약에 해당 컴퓨터를 많이 구매하는 산업과의 융합을 시도했다면 결과는 달라질 수도 있는 것이다.

전통적인 파이프라인 비즈니스에 해당하는 제조분야의 빅블러 현황을 생각해보자. 제조분야의 디지털 기술 적용은 현재 많은 시도를 하고 있으나, 다른 산업에 비해 그 적용 정도가 상대적으로 낮은 것이 현실이다. 그것은 제조영역이 디지털 기술을 접목할 수 없는 영역이여서라기보다는, 현재의 업무 프로세스 그리고 비즈니스 방식이 자신들만의 특화된 영역이고, 독특한 성격이 있기 때문이라는 인식으로 인해 디지털로의 변화를 받아들이지 않는 것이라 생각한다. 디지털 기술 보다는 그동안의 경험적 지식Heuristic Knowledge에 더 높은 가치를 두고 있는 것이다. 하지만, '빅블러 현상에 대한 이해', '변화에 대한 필요성' 그리고 '디지털 기술에 대한 신뢰'가 생긴다면 제조분야에서도 빅블러 현상과 함께 플랫폼 비즈니스 모델을 충분히 적용 가능할 것이다.

중요한 것은 디지털 기술을 따라가기 위해, 그리고 트렌디한 플랫폼 비즈니스를 적용하기 위해 업무에 적용해야 한다고 생각하는 것이 아니라, 비즈니스의 혁신을 위해 디지털 기술과 플랫폼을 활용한다는 생각으로 적용해야 한다. 물론 그러한 바탕에는 비즈니스에 대한 인사이트Insight를 활용하여 새로운 비즈니스 모델을 만든다고 생각해야 한다. 기술과 플랫폼은 그 자체로 획기적인 변화를 이끌어내지 못하지만, 빅블러 현상과 같은 변화와 연결된다면, 그리고 산업 간 융합을 통해 새로운 비즈니스 모델이 생성된다면 사회 전반에 변화를 일으킬 수 있는 혁신이 가능할 것이다.

4) 정부 주도의 디지털플랫폼정부 가속화

어떠한 한 산업의 미래에 대해 이야기할 때 가장 중요한 요소 중에 하나가 바로 정부의 정책일 것이다. 2022년 새 정부가 들어서면서 새로운 개념의 정부정책 방향성을 제시하고 있는데, 그것은 플랫폼 개념을 접목한 디지털플랫폼정부DPG: Digital Platform Government이다. 이것의 컨셉Concept은 최신 디지털 기술을 활용하여 다양한 데이터를 통합하고 연계함으로써 국민과 기업이 정부와 함께 사회문제를 해결한다는 것으로, 팀 오라일리Tim O'Reilly가 2010년 발표한 '플랫폼으로서의 정부Government as a Platform'를 기본 개념으로 하고 있다. 이러한 개념은 디지털플랫폼정부위원회 출범식('22.9.2) 이후, 제77차 유엔 기조연설('22.9.20)과 2023년 세계경제포럼 연차총회 특별연설('23.2.19)에서 구체화되었다. 디지털플랫폼정부는 기본적으로 데이터와 민간의 서비스를 결합하고 있으며, 이것은 행정 효율화뿐만 아니라 국민 누구나 정책설계에 참여하여 디지털 민주주의를 이루어 국민 삶을 획기적으로 향상시킨다는 것을 그 방향성으로 하고 있다.

기본 목표는 다음과 같이 정의하고 있다.

모든 데이터가 융합되는 "디지털 플랫폼" 위에서 국민, 기업, 정부가 함께 사회문제를 해결하고, 새로운 가치를 창출하는 정부

디지털플랫폼정부의 목표와 함께 기본원칙도 제시하고 있다. 그것은 정부 부처 간 칸막이, 공공과 민간 간의 칸막이, 디지털 기술과 아날로그 제도 간의 장벽을 허물으로써, 국민에게는 하나의 정부로서 초超개인화된 맞춤형 서비스를, 기업에게는 민관 협업 바탕의 새로운 도약과 성장의 공간을, 그리고 정부에게는 모든 부처가 함께 똑똑하게 일하는 정부로 혁신할 수 있는 환경을 만들 수 있다는 것이다. 이것은 기본적으로 클라우드 환경하에서의 플랫폼을 기반으로 하고 있으며, 민관이 함께 성장하는 플랫폼, 사회문제를 민관이 함께 발굴하고 해결하는 협업플랫폼을 의미한다.

디지털플랫폼정부 기본원칙

국민 중심	1. 공공서비스는 국민이 원하는 방식으로 통합적, 선제적, 맞춤형으로 제공한다.
	2. 개인정보를 보호하고 안전하고 신뢰할 수 있는 이용환경을 보장한다.
	3. 모든 국민이 언제 어디서나 편리하게 디지털 서비스를 이용할 수 있도록 보장한다.
하나의 정부	4. 부처 간 칸막이를 없애고, 모든 데이터가 연결된 디지털 플랫폼으로 하나의 정부를 구현한다.
	5. 행정 프로세스를 디지털 중심으로 재설계하고, 조직문화 및 인사제도까지 혁신한다.
인공지능·데이터 기반	6. 공공데이터는 사람과 인공지능 모두 읽을 수 있는(Machine Readable) 방식으로 전면 개방한다.
	7. 정부는 인공지능·데이터 기반으로 정책 결정을 과학화한다.
민관 협력	8. 국민과 함께 혁신하고 민관이 함께 성장하는 혁신생태계를 조성한다.
	9. 디지털 모범국가로 국제사회에 기여하는 디지털플랫폼정부를 만든다.

정부가 제시한 디지털플랫폼정부의 목표와 기본원칙, 그리고 비전을 살펴봤을 때 정부가 지향하는 방향성은 명확해 보인다. 이것은 결국, 행정 데이터의 개방을 통해 이를 활용한 서비스가 확대된 다는 것을 의미하며, 정부가 하나의 플랫폼으로서의 역할을 수행한다고 볼 수 있다. 이 플랫폼안에서 국민과 기업 그리고 정부가 참여자가 되어 생태계를 만들어 각자가 원하는 가치를 만들 수 있도록 하는 것이다.

이러한 디지털플랫폼정부 정책방향에 따라 가장 기대되는 산업은 역시 클라우드로 예상된다. 디지털플랫폼정부는 기본적으로 '민간 클라우드 기반 DPG HUB'를 구축하는 것이므로, 민관이 데이터를 공유하고 통합된 혁신적 서비스를 위해 민간 클라우드 상에서 『공공-민간연계』, 『민간혁신서비스 SaaS』 그리고 『맞춤형대국민서비스(Plug-in)』의 구성을 목표로 하고 있다. 신규 시스템 구축 및 기존 시스템 고도화 시 민간 클라우드를 우선 적용하고, 불가피한 사유가 없는 한 2024년부터 클라우드 네이티브Cloud Native 및 SaaSSoftware as a Service를 의무화하고 있다. 이것이 의미하는 것은 클라우드 서비스를 제공하는 CSPCloud Service Provider사업자와, 클라우드에 올라간 프로그램에 대해 운영/관리 서비스를 제공하는 MSPManaged Service Provider 사업자에게는 큰 기회가 되는 것이다. CSP사업자의 경우에는 시장에서 어느정도 정해져 있지만, MSP 사업자의 경우에는 인력과 경험만 있다면 누구에게나

기회가 주어질 수 있기 때문에 사업적으로 많은 기회가 있으리라 예상된다.

디지털플랫폼정부 허브 개념도

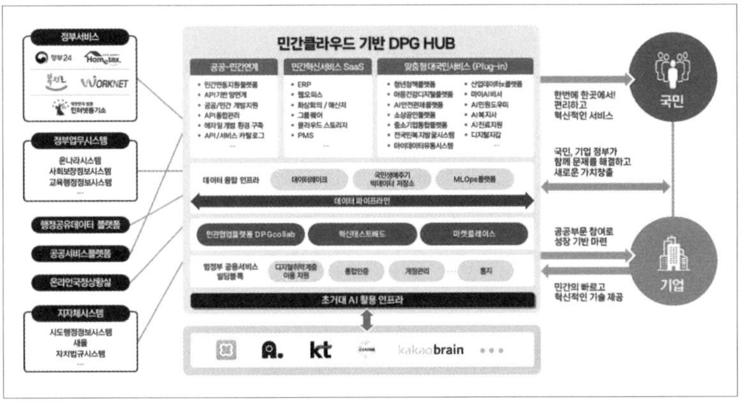

이외에도 인공지능 서비스, 행정 데이터 개방에 따른 민관융합서비스 개발과 함께 정부 전용 초거대 AI구축을 계획하고 있으므로, OpenAI의 챗GPT 혹은 네이버의 하이퍼크로바X HyperCLOVA X와 연계한 서비스 개발도 예상된다.

초거대 AI
디지털 플랫폼 레볼루션 1
플랫폼 비즈니스의 현재와 미래

초판 1쇄 인쇄 2023년 11월 1일
초판 2쇄 발행 2023년 11월 15일

지은이 현영근, 이주연
발행인 전익균

이사 김영진, 김기충
기획 권태형, 조양제
편집 전민서
디자인 페이지제로
관리 이지현, 정정오
언론홍보 (주)새빛컴즈
마케팅 팀메이츠

펴낸곳 새빛북스
전화 (02) 2203-1996, (031) 427-4399 **팩스** (050) 4328-4393
출판문의 및 원고투고 이메일 svcoms@naver.com
등록번호 제215-92-61832호 **등록일자** 2010. 7. 12

가격 17,000원
ISBN 979-11-91517-59-0 03320